BEI GRIN MACHT SIC
WISSEN BEZAHLT

- Wir veröffentlichen Ihre Hausarbeit,
  Bachelor- und Masterarbeit

- Ihr eigenes eBook und Buch -
  weltweit in allen wichtigen Shops

- Verdienen Sie an jedem Verkauf

Jetzt bei www.GRIN.com hochladen
und kostenlos publizieren

Konzeption einer Input-Output-Tabelle für die Region Ostwestfalen-Lippe

Rafael Rucha

Bibliografische Information der Deutschen Nationalbibliothek:

Die Deutsche Nationalbibliothek verzeichnet diese Publikation in der Deutschen Nationalbibliografie; detaillierte bibliografische Daten sind im Internet über http://dnb.d-nb.de abrufbar.

ISBN: 9783346904874
Dieses Buch ist auch als E-Book erhältlich.

© GRIN Publishing GmbH
Trappentreustraße 1
80339 München

Druck und Bindung: Books on Demand GmbH, Norderstedt Germany
Gedruckt auf säurefreiem Papier aus verantwortungsvollen Quellen

Das Buch bei GRIN: https://www.grin.com/document/1370633

Konzeption einer
Input-Output-Tabelle für die
Region Ostwestfalen-Lippe

Diplomarbeit

vorgelegt von

Rafael Rucha

Fakultät für Wirtschaftswissenschaften

im August 2004

Inhaltsverzeichnis

1 Einleitung

Es ist unbestritten, dass das Wirtschaftsleben in seiner Komplexität nur schwer und lediglich erforderlichenfalls reduzierbar ist auf monokausale Zusammenhänge. In seiner Vielfältigkeit ist es von multifaktoriellen Effekten geprägt, insbesondere von Anstoß-, Mitzieh- und Rückkoppelungseffekten in der Produktionssphäre. Um diese kenntlich zu machen, bedient man sich der Input-Output-Analyse (IO-Analyse), deren essentieller Baustein eine Input-Output-Tabelle (IO-Tabelle) ist. Ferner ist die IO-Tabelle ein Instrument, um die komplexen wechselseitigen Verflechtungsstrukturen des Wirtschaftslebens abbilden zu können.

Im Rahmen der vorliegenden Arbeit „Konzeption einer Input-Output-Tabelle für die Region Ostwestfalen-Lippe" soll sondiert werden, inwiefern die Erstellung einer IO-Tabelle für Ostwestfalen-Lippe (OWL) prinzipiell machbar ist.

Hierzu bedarf es einer theoretischen Fundierung (Abschnitt 2), in derem ersten Teil (Abschnitt 2.1) auf den Aufbau einer IO-Tabelle eingegangen wird. Es wird eine ,verkürzte' IO-Tabelle betrachtet, d. h. es handelt sich hier um ein offenes statisches Leontief-Modell (Mengenmodell). Die IO-Tabelle in diesem Abschnitt wird tendenziell anwendungsorientiert umschrieben, da es sich in dieser Arbeit letztlich um die Umsetzung einer Tabellenkonzeption handeln soll. Darauffolgend wird auf verschiedene Typen regionaler IO-Tabellen (RIO-Tabellen) eingegangen (Abschnitt 2.1.1), und anschließend werden wichtige Determinanten des Aufbaus einer RIO-Tabelle herausgearbeitet (Abschnitt 2.1.2). Abgeschlossen wird die Fundierung mit einer Darstellung vielfältiger Nutzungsmöglichkeiten von RIO-Tabellen (Abschnitt 2.2), wobei die mittels der modellmäßigen Auswertung gewonnenen Erkenntnisse über direkte *und* indirekte Effekte exogener Variablenänderungen hervorstechend sind.

Abschnitt 3 beleuchtet verschiedene Erstellungsmöglichkeiten von RIO-Tabellen. Der Fokus liegt hier auf modellmäßigen Methoden (Abschnitt 3.1), beginnend mit der ,klassischen' derivativen Methode und abschließend mit der ENTROP-Methode, die im Zusammenhang mit der Erstellung von RIO-Tabellen noch verhältnismäßig ungeläufig ist. Darüber hinaus wird noch auf die (quasi-)originäre Methode eingegangen (Abschnitt 3.2). Die Arbeit schließt mit Abschnitt 4, in dem ein Fazit gezogen und ein Ausblick unternommen wird.

2 Theoretische Fundierung

2.1 Aufbau einer Input-Output-Tabelle

Eine IO-Tabelle

„...stellt ein auf definitorischen Relationen beruhendes Rechenschema dar. Sie beschreibt die Waren- und Dienstleistungsströme, die zwischen den zu Sektoren zusammengefaßten Wirtschaftseinheiten eines Wirtschaftsraumes in einer bestimmten Periode fließen. Oder anders ausgedrückt: Sie erfaßt die zu bestimmten Arten wirtschaftlicher Tätigkeit (Produktion, Konsum, Investition usw.) gehörenden Transaktionen und die sie vollziehenden Wirtschaftssubjekte."[1]

In einer IO-Tabelle werden sowohl bei den Inputs als auch bei den Outputs zwei verschiedene Arten unterschieden: Hinsichtlich der Inputs zwischen erzeugten Gütern[2] (intermediäre Inputs) und Leistungen, die von primären Produktionsfaktoren erbracht werden (primäre Inputs). In Bezug auf die Outputs unterscheidet man weiterhin zwischen Gütern, die für die Weiterverarbeitung bestimmt sind (intermediäre Outputs), und Gütern, die für die Endnachfrage produziert[3] werden (autonome Outputs). Üblicherweise werden die mit einer IO-Tabelle erfassten Güterströme in monetären Einheiten gemessen[4].

Eine so charakterisierte IO-Tabelle kann in einem ersten Schritt schematisch in vier Teilen dargestellt werden (vgl. Abbildung 1 auf Seite 3):

Der erste Teil ist das Kernstück einer IO-Tabelle und wird als Matrix der intermediären Vorleistungsverflechtungen bezeichnet. In dieser Matrix X werden die inter- und intraindustriellen Verflechtungen von produzierenden

---

[1]Vgl. Stäglin (1968), S. 9. In der hier vorliegenden Arbeit wird der Begriff Wirtschaftseinheit im Sinne der Volkswirtschaftlichen Gesamtrechnung (VGR) verwendet. Vgl. LexikonVGR (2002) und nachfolgende Ausführungen im Abschnitt über Prinzipien der Sektorenbildung. Der Begriff Transaktion impliziert im Zusammenhang mit IO-Tabellen Gütertransaktionen, Verteilungstransaktionen, finanzielle Transaktionen und sonstige Transaktionen und wird auch hier so verwendet. Vgl. LexikonVGR (2002).

[2]Mit Gütern sind im Folgenden Waren und Dienstleistungen gemeint. Vgl. LexikonVGR (2002).

[3]In Anlehnung an Stäglin (1968), S. 9, soll die Produktion als Prozess verstanden werden, in dem verschiedene Güter und Leistungen eines primären Bereichs (als Inputs) kombiniert werden, um andere Güter (als Outputs) zu erhalten.

[4]Es existieren ebenfalls IO-Tabellen mit physischen Einheiten und mit Zeiteinheiten. Vgl. Stahmer (2000). Gegenstand der IO-Analyse sind prinzipiell Mengengrößen. Vgl. Schumann (1968), S. 20.

Wirtschaftseinheiten eines Wirtschaftsraumes während einer bestimmten Periode erfasst (vgl. Abbildung 2 auf Seite 5).

X Matrix der intermediären Vorleistungsverflechtungen $(N \times N)$	**Y** Matrix der Endnachfrage $(N \times M)$
P Matrix des primären Aufwands $(G \times N)$	

Abbildung 1: Schema einer IO-Tabelle

In der Vorspalte dieser Matrix sind die zu N Produktionssektoren[5] zusammengefassten Wirtschaftseinheiten eingetragen. In der gleichen Reihenfolge wie in der Vorspalte erscheinen diese Produktionssektoren auch in der Kopfzeile. Idealerweise sind diese Sektoren so gegliedert, dass

- jeder Sektor nur ein Produkt liefert,

- in jedem Sektor nur eine Produktionstechnologie verwendet wird und

- jedes Produkt nur in einem Sektor produziert wird[6].

Da in der Praxis allerdings stets davon auszugehen ist, dass diese Idealvorstellungen nicht gegeben sind, verwendet man andere Abgrenzungen bei der Sektorenbildung[7]. Die Einträge innerhalb dieser Matrix der intermediären

---

[5]Die Sektoren der Matrix der intermediären Vorleistungsverflechtungen werden in dieser Arbeit als Produktionssektoren bezeichnet, unabhängig davon, welches Prinzip der Sektorenbildung angewendet wird, d. h. der Begriff Produktionssektor umfasst sowohl Produktions- als auch Wirtschaftsbereiche. Vgl. dazu Abschnitt 2.1.2 über die Prinzipien der Sektorenbildung.

[6]Vgl. HolSchn (1994b), S. 26 f.

[7]Vgl. Schumann (1968), S. 19, der darauf hinweist, dass „...vielmehr einerseits eine bestimmte ‚Produktmischung' (‚product mix'), andererseits eine bestimmte ‚Prozeßmischung' (‚process mix') kennzeichnend" für einen Sektor der Matrix der intermediären Vorleistungsverflechtungen ist.

Vorleistungsverflechtungen sind die mit Preisen[8] bewerteten Mengen von Güterströmen, die mit x_{ij} (i,j = 1, . . . ,N) bezeichnet werden. Die Indizierung ij besagt, dass Produktionssektor i Güter im Wert von x_{ij} Geldeinheiten an Produktionssektor j liefert[9]. Somit lässt sich x_{ij} einerseits als intermediärer Input des Produktionssektors j und andererseits als intermediärer Output des Produktionssektors i lesen, was der IO-Tabelle ihren spezifischen Namen verliehen hat. Den Wert des intermediären Gesamtinputs des Produktionssektors j berechnet man über die Spaltensumme $x_{\cdot j} = \sum_{i=1}^{N} x_{ij}$. Analog dazu berechnet man den Wert des intermediären Gesamtoutputs des Produktionssektors i über die Zeilensumme $x_{i\cdot} = \sum_{j=1}^{N} x_{ij}$. I. d. R. sind die Zeilen- und Spaltensummen für die einzelnen, separat betrachteten Produktionssektoren ungleich. Die Summe der Zeilensummen der betrachteten Matrix ist hingegen gleich der Summe der Spaltensummen:

$$x_{\cdot\cdot} = \sum_{j=1}^{N} x_{\cdot j} = \sum_{i=1}^{N} x_{i\cdot}. \tag{1}$$

An die Matrix der intermediären Vorleistungsverflechtungen wird rechts der zweite Teil einer IO-Tabelle angefügt, der als Matrix der Endnachfrage Y bezeichnet wird. Die Elemente der Matrix Y stellen die Verflechtungen der N Produktionssektoren mit den M Endnachfragesektoren eines Wirtschaftsraumes während einer bestimmten Periode dar (vgl. Abbildung 3 auf Seite 6).

Betrachtet man die Matrix der Endnachfrage separat, so sind in der Vorspalte die N Produktionssektoren eingetragen. In der Kopfzeile hingegen stehen die zu M Sektoren zusammengefassten Endnachfragebereiche[10]. Die Einträge y_{ik} innerhalb dieser Matrix sind die mit Preisen bewerteten Mengen von Güterströmen, die von den Sektoren der letzten Verwendung[11] nachgefragt werden. Die Indizierung ik besagt, dass Produktionssektor i Güter im

---

[8]Vgl. zu den verschiedenen Preiskonzepten Abschnitt 2.1.2.

[9]Es wird in diesem Abschnitt 2.1 davon ausgegangen, dass der Lieferzeitpunkt auch der Verbuchungszeitpunkt in einer IO-Tabelle ist. Vgl. zum Verbuchungszeitpunkt Abschnitt 2.1.2. Darüber hinaus bezeichnet x_{ii} dann die Eigenbelieferung des Sektors i.

[10]Unabhängig von dem Verwendungszweck resp. verfügbarem Datenmaterial werden hier fünf Sektoren der Endnachfrage unterschieden: Konsum der privaten Haushalte inklusive des Konsums der privaten Organisationen ohne Erwerbszweck, Konsum des Staates, Bruttoanlageinvestitionen, Vorratsveränderungen inklusive dem Nettozugang an Wertsachen und Exporte. Die Abgrenzungen der Endnachfragesektoren erfolgt in Anlehnung an das Europäische System Volkswirtschaftlicher Gesamtrechnungen (ESVG) 1995. Vgl. ESVG (2002). Darüber hinaus ist weitere Aggregation resp. Disaggregation der Endnachfragesektoren möglich.

[11]Das sind gerade die hier dargestellten Endnachfragesektoren. Vgl. zu den Sektoren der letzten Verwendung LexikonVGR (2002).

4

Input von Sektor / Output von Sektor	1	2	$\cdots$	j	$\cdots$	N	Zeilensumme
1	x_{11}	x_{12}	$\cdots$	x_{1j}	$\cdots$	x_{1N}	$x_{1\cdot}$
2	x_{21}	x_{22}	$\cdots$	x_{2j}	$\cdots$	x_{2N}	$x_{2\cdot}$
$\vdots$	$\vdots$	$\vdots$	$\ddots$	$\vdots$	$\ddots$	$\vdots$	$\vdots$
i	x_{i1}	x_{i2}	$\cdots$	x_{ij}	$\cdots$	x_{iN}	$x_{i\cdot}$
$\vdots$	$\vdots$	$\vdots$	$\ddots$	$\vdots$	$\ddots$	$\vdots$	$\vdots$
N	x_{N1}	x_{N2}	$\cdots$	x_{Nj}	$\cdots$	x_{NN}	$x_{N\cdot}$
Spaltensumme	$x_{\cdot 1}$	$x_{\cdot 2}$	$\cdots$	$x_{\cdot j}$	$\cdots$	$x_{\cdot N}$	$x_{\cdot\cdot}$

Abbildung 2: Die Matrix der intermediären Vorleistungsverflechtungen einer IO-Tabelle

Wert von y_{ik} Geldeinheiten an Endnachfragesektor k liefert. Den Wert des Gesamtverbrauchs des Endnachfragesektors k berechnet man über die Spaltensumme $y_{\cdot k} = \sum_{i=1}^{N} y_{ik}$. Der Wert des für die Endnachfrage bestimmten Gesamtoutputs des Produktionssektors i ergibt sich über die Berechnung der Zeilensumme $y_{i\cdot} = \sum_{k=1}^{M} y_{ik}$ resp. $y_{i\cdot} = y_{iC} + \ldots + y_{iE}$. Die Summe der Zeilensummen ist gleich der Summe der Spaltensummen:

$$y_{\cdot\cdot} = \sum_{i=1}^{N} y_{i\cdot} = \sum_{k=1}^{M} y_{\cdot k} \quad (\text{resp.} \ \sum_{k} y_{\cdot k} = y_{\cdot C} + \ldots + y_{\cdot E}). \tag{2}$$

Der dritte Teil einer IO-Tabelle – die Matrix P des primären Aufwands – wird unterhalb der Matrix der intermediären Vorleistungsverflechtungen angefügt. Die Elemente der Matrix P stellen die Verflechtungen der G Sektoren des primären Aufwands mit den N Produktionssektoren eines Wirtschaftsraums während einer bestimmten Periode dar (vgl. Abbildung 4 auf Seite 7).

5

Nachfrage Sektor[a] / Output von Sektor	C	G	I	L	E	Zeilen- summe
1	y_{1C}	y_{1G}	y_{1I}	y_{1L}	y_{1E}	$y_{1\cdot}$
2	y_{2C}	y_{2G}	y_{2I}	y_{2L}	y_{2E}	$y_{2\cdot}$
⋮	⋮	⋮	⋮	⋮	⋮	⋮
i	y_{iC}	y_{iG}	y_{iI}	y_{iL}	y_{iE}	$y_{i\cdot}$
⋮	⋮	⋮	⋮	⋮	⋮	⋮
N	y_{NC}	y_{NG}	y_{NI}	y_{NL}	y_{NE}	$y_{N\cdot}$
Spalten- summe	$y_{\cdot C}$	$y_{\cdot G}$	$y_{\cdot I}$	$y_{\cdot L}$	$y_{\cdot E}$	$y_{\cdot\cdot}$

[a]C: Konsum der privaten Haushalte inklusive des Konsums der privaten Organisationen ohne Erwerbszweck, G: Konsum des Staates, I: Bruttoanlageinvestitionen, L: Vorratsveränderungen inklusive dem Nettozugang an Wertsachen, E: Exporte.

Abbildung 3: Die Matrix der Endnachfrage einer IO-Tabelle

Betrachtet man die Matrix des primären Aufwands separat, so sind in der Vorspalte die zu G Sektoren zusammengefassten Primäraufwandsbereiche[12] eingetragen. In der Kopfzeile hingegen stehen die N Produktionssektoren. Die Einträge p_{lj} sind die mit Preisen bewerteten (Mengen-)Ströme, die sich auf die Produktionsfaktoren Arbeit & Kapital, auf Zahlungsströme an und

---

[12]Unabhängig von dem Verwendungszweck resp. verfügbarem Datenmaterial werden hier fünf Primäraufwandssektoren unterschieden: Gütersteuern abzüglich Gütersubventionen, sonstige Produktionsabgaben abzüglich sonstigen Subventionen, Arbeitnehmerentgelt, Abschreibungen und der Nettobetriebsüberschuß. Die Abgrenzungen der Sektoren des primären Aufwands erfolgt in Anlehnung an das ESVG 1995. Vgl. ESVG (2002). Darüber hinaus besteht auch die Möglichkeit, in der Matrix des primären Aufwands die Importe aus dem Ausland in den Wirtschaftsraum zu verbuchen. Vgl. zu Letzterem Abschnitt 2.1.2 resp. Abschnitt 2.1.1 zur Verbuchung von Importen aus dem Ausland und aus den übrigen Teilen der Gesamtwirtschaft in einer IO-Tabelle für OWL. Zudem ist weitere Aggregation resp. Disaggregation hinsichtlich der Sektoren des primären Bereichs möglich.

von staatlichen Institutionen und ggf. auf die übrige Welt beziehen. Die Indizierung lj besagt, dass der Sektor l des primären Bereichs einen Geldstrom im Wert von p_{lj} Geldeinheiten von Produktionssektor j erhält. Den Wert des insgesamt erhaltenen Geldstroms des Primäraufwandssektors l berechnet man über die Zeilensumme $p_{l\cdot} = \sum_{j=1}^{N} p_{lj}$. Der Wert des gesamten primären Inputs des Produktionssektors j ergibt sich über die Berechnung der Spaltensumme $p_{\cdot j} = \sum_{l=1}^{G} p_{lj}$ resp. $p_{\cdot j} = p_{Mj} + \ldots + p_{Qj}$. Betrachtet man die Spaltensumme[13] eines Produktionssektors j separat, so stellt diese die Bruttowertschöpfung des Sektors dar. Die Summe der Zeilensummen ist gleich der Summe der Spaltensummen:

$$p_{\cdot\cdot} = \sum_{l=1}^{G} p_{l\cdot} = \sum_{j=1}^{N} p_{\cdot j} \quad \left(\text{resp.} \quad \sum_{l} p_{l\cdot} = p_{M\cdot} + \ldots + p_{Q\cdot}\right). \tag{3}$$

Input von Sektor Output von Sektor[a]	1	2	$\cdots$	j	$\cdots$	N	Zeilensumme
M	p_{M1}	p_{M2}	$\cdots$	p_{Mj}	$\cdots$	p_{MN}	$p_{M\cdot}$
T	p_{T1}	p_{T2}	$\cdots$	p_{Tj}	$\cdots$	p_{TN}	$p_{T\cdot}$
S	p_{S1}	p_{S2}	$\cdots$	p_{Sj}	$\cdots$	p_{SN}	$p_{S\cdot}$
A	p_{A1}	p_{A2}	$\cdots$	p_{Aj}	$\cdots$	p_{AN}	$p_{A\cdot}$
B	p_{B1}	p_{B2}	$\cdots$	p_{Bj}	$\cdots$	p_{BN}	$p_{B\cdot}$
Q	p_{Q1}	p_{Q2}	$\cdots$	p_{Qj}	$\cdots$	p_{QN}	$p_{Q\cdot}$
Spaltensumme	$p_{\cdot 1}$	$p_{\cdot 2}$	$\cdots$	$p_{\cdot j}$	$\cdots$	$p_{\cdot N}$	$p_{\cdot\cdot}$

[a]M: Importe, T: Gütersteuern abzüglich Gütersubventionen, S: sonstige Produktionsabgaben abzüglich sonstigen Subventionen, A: Abschreibungen, B: Arbeitnehmerentgelt, Q: Nettobetriebsüberschuß.

Abbildung 4: Die Matrix des primären Aufwands einer IO-Tabelle

---

[13]Ohne die eventuell vorgenommene Verbuchung der Importe als primären Aufwand.

Der vierte Teil einer IO-Tabelle bleibt i. d. R. unbesetzt (vgl. Abbildung 1 auf Seite 3, rechts unten). Er entspricht dann algebraisch gesehen einer Nullmatrix. Allerdings bezieht man diesen Teil mit in die Tabelle ein, wenn Ausgleichsbuchungen vorgenommen werden[14]. Betrachtet man den vierten Teil aus modelltheoretischer Perspektive, dann entspricht die Inklusion dem geschlossenen, die Exklusion dem offenen Leontief-Modell[15].

	1	⋯	j	⋯	N	Σ	C	G	I	L	E	Σ	Σ
1	*Quadrant I*						*Quadrant II*						
⋮			⋮		⋮				⋮			⋮	⋮
i		⋯	x_{ij}	⋯		$x_{i\cdot}$		⋯	y_{iI}	⋯		$y_{i\cdot}$	$z_{i\cdot}$
⋮			⋮		⋮				⋮			⋮	⋮
N													
Σ		⋯	$x_{\cdot j}$	⋯		$x_{\cdot\cdot}$	$y_{\cdot C}$	$y_{\cdot G}$	$y_{\cdot I}$	$y_{\cdot L}$	$y_{\cdot E}$	$y_{\cdot\cdot}$	$z_{\cdot\cdot}$
M	*Quadrant III*					$p_{M\cdot}$	*Quadrant IV*						
T						$p_{T\cdot}$							
S			⋮			$p_{S\cdot}$							
A		⋯	p_{Aj}	⋯		$p_{A\cdot}$							
B						$p_{B\cdot}$							
Q			⋮			$p_{Q\cdot}$							
Σ		⋯	$p_{\cdot j}$	⋯		$p_{\cdot\cdot}$							
Σ		⋯	$z_{\cdot j}$	⋯		$z_{\cdot\cdot}$							

Abbildung 5: Die Struktur einer IO-Tabelle

Fügt man die vier oben erläuterten Teile einer IO-Tabelle in einem nachfolgenden Schritt zusammen, so ergibt sich eine Struktur, deren vier Teile auch als Quadranten bezeichnet werden (vgl. Abbildung 5).

---

[14]Dies ist z. B. dann der Fall, wenn Importe nach Verwendungsbereichen gegliedert sind oder der Staat lediglich als Konsument, d. h. als Endnachfragesektor, charakterisiert wird. Vgl. dazu Abschnitt 2.1.2.
[15]Vgl. HolSchn (1994a), S. 80.

Es bestehen definitionsgemäß folgende bilanztechnische Relationen[16]:

- Der gesamte Output eines Produktionssektors i ergibt sich als Summe des gesamten Vorleistungsoutputs zuzüglich des gesamten Outputs, der für die Endnachfrage bestimmt ist[17]:

$$z_{i.} = x_{i.} + y_{i.} \tag{4}$$

- Der Gesamtoutput aller Produktionssektoren $i = 1, \ldots, N$ ergibt sich als Summe aller sektoralen Vorleistungsoutputs zuzüglich der Summe aller sektoralen Endnachfrageoutputs:

$$z_{..} = x_{..} + y_{..} = \sum_{i=1}^{N} x_{i.} + \sum_{i=1}^{N} y_{i.} \tag{5}$$

- Der gesamte Input eines Produktionssektors j ergibt sich als Summe des gesamten Vorleistungsinputs zuzüglich des gesamten Inputs, der von den primären Inputfaktoren erbracht wird:

$$z_{.j} = x_{.j} + p_{.j} \tag{6}$$

- Der Gesamtinput aller Produktionssektoren $j = 1, \ldots, N$ zusammengenommen ergibt sich als Summe aller sektoralen Vorleistungsinputs zuzüglich der Summe aller sektoralen Inputs, die von den primären Inputfaktoren erbracht werden:

$$z_{..} = x_{..} + p_{..} = \sum_{j=1}^{N} x_{.j} + \sum_{j=1}^{N} p_{.j} \tag{7}$$

- Der gesamte Output eines Produktionssektors i ist gleich dem gesamten Input des Sektors i:

$$z_{i.} = z_{.j} \quad \text{für} \quad i = j \quad \text{und} \quad \forall i \tag{8}$$

- Der gesamte Output der mit einer IO-Tabelle erfassten Produktionssektoren ist gleich dem gesamten Input:

$$z_{..} = z_{..} \Leftrightarrow x_{..} + y_{..} = x_{..} + p_{..} \tag{9}$$

---

[16]Vgl. Stäglin (1968), S. 11.
[17]Der gesamte Output eines Produktionssektors i wird als dessen Produktionswert bezeichnet. Vgl. Lexikon VGR (2002).

2.1.1 Typen regionaler Input-Output-Tabellen

Grundsätzlich kann man drei Typen von RIO-Tabellen unterscheiden[18]. Es handelt sich hierbei um die technologische Verflechtungstabelle, die Bundesverflechtungstabelle und die regionale Verflechtungstabelle (vgl. Abbildung 6). Man grenzt sie durch die spezifische Verbuchung von Importen[19] voneinander ab.

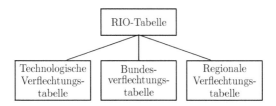

Abbildung 6: Typen von RIO-Tabellen

Zunächst können bei einer technologischen Verflechtungstabelle (vgl. Abbildung 7 auf Seite 11) Importe in die betrachtete Region nach ihren Ursprungsbereichen gegliedert werden. Es wird demzufolge ersichtlich, von welchen Produktionssektoren die Produktionssektoren[20] der betrachteten Region ihre Inputs beziehen. Allerdings ist bei solcher Verbuchung nicht erkennbar, ob die regionalen Produktionssektoren Inputs aus dem Ausland, aus den übrigen Teilen der Gesamtwirtschaft oder der betrachteten Regionalwirtschaft beziehen, weswegen – wie aus Abbildung 7 ersichtlich wird – explizit alle Güter in Quadranten I und II ausgewiesen werden. Diese Verbuchungsart der Importe äußert sich zudem noch in einer negativen Importspalte[21] (resp. zwei negativen Importspalten bei Diskriminierung zwischen Importen aus dem Ausland und aus den übrigen Teilen der Gesamtwirtschaft) in Quadrant II[22] und der Exklusion der Importe aus Quadrant III.

---

[18]Vgl. beispielsweise Stäglin (2001), Abschnitt 2.1.

[19]D. h. Importe aus dem Ausland und aus den übrigen Teilen der Gesamtwirtschaft in die betrachtete Region.

[20]Gleiches gilt für die Endnachfragesektoren.

[21]Damit die definitionsgemäße Gleichheit von Input und Output gewährleistet ist (vgl. Gleichung (8) auf Seite 9), muss in dem Quadranten II eine negative Importspalte ausgewiesen werden.

[22]Man kann wie in Abbildung 7 (und ebenso in Abbildung 8) Exporte und Importe auch saldiert darstellen.

	1	⋯	j	⋯	N	Σ	⋯	$e-m$	$E-M^a$	Σ	Σ
1	*Alle Güter*						*Alle Güter*				
⋮	⋮		⋮		⋮	⋮		⋮	⋮	⋮	⋮
i		⋯	x_{ij}	⋯		$x_{i\cdot}$	⋯	$y_{i,e-m}$	$y_{i,E-M}$	$y_{i\cdot}$	$z_{i\cdot}$
⋮	⋮		⋮		⋮	⋮		⋮	⋮	⋮	⋮
N	*Quadrant I*						*Quadrant II*				
Σ		⋯	$x_{\cdot j}$	⋯		$x_{\cdot\cdot}$		$y_{\cdot,e-m}$	$y_{\cdot,E-M}$	$y_{\cdot\cdot}$	$z_{\cdot\cdot}$
	Quadrant III						*Quadrant IV*				
Σ		⋯	$p_{\cdot j}$	⋯		$p_{\cdot\cdot}$					
Σ		⋯	$z_{\cdot j}$	⋯		$z_{\cdot\cdot}$					

$^a E$: Exporte in das Ausland, M: Importe aus dem Ausland, e: Exporte in die übrige Volkswirtschaft, m: Importe aus der übrigen Volkswirtschaft.

Abbildung 7: Die Struktur einer technologischen Verflechtungstabelle

Neben dieser Darstellungsart von RIO-Tabellen steht der Typ Bundesverflechtungstabelle (vgl. Abbildung 8 auf Seite 12). Hier werden die Importe aus dem Ausland explizit nach Verwendungsbereichen gegliedert und als Importzeile in Quadranten III und IV verbucht, wohingegen die Importe aus den übrigen Teilen der Gesamtwirtschaft in die betrachtete Region weiterhin als (negative) Importspalte[23] in dem Quadranten II verbleiben. Es wird demzufolge ersichtlich, ob es sich bei den Inputs der regionalen Produktionssektoren um Inputs aus dem Ausland oder aus den übrigen Teilen der Gesamtwirtschaft samt Regionalwirtschaft handelt. Deswegen kann man bei dieser Verbuchungsart auch von einer interregionalen IO-Tabelle sprechen[24].

---

[23]Vgl. Fußnote 21.

[24]Vgl. z. B. Müller (1993), S. 64. Der Autor stellt dort allerdings eine RIO-Tabelle dar, die in Quadrant I explizit zwischen Ursprungs- und Verwendungsbereichen zweier Regionen einer Gesamtwirtschaft diskriminiert. Verallgemeinert man den Ansatz Müllers, so gelangt man von einer interregionalen IO-Tabelle, die zwei Regionen erfasst, zu einer multiregionalen IO-Tabelle, die mehr als zwei Regionen einbeziehen kann. Von dieser multiregionalen

In Quadrant I der Bundesverflechtungstabelle sind also sämtliche inländische Güter als Inputs der regionalwirtschaftlichen Produktionssektoren eingetragen.

	1 $\cdots$ j $\cdots$ N	Σ	$\cdots$ $e-m$ E^a	Σ	Σ
1	*Inländische Güter*		*Inländische Güter*		
$\vdots$	$\vdots$	$\vdots$	$\vdots$ $\vdots$	$\vdots$	$\vdots$
i	$\cdots$ x_{ij} $\cdots$	$x_{i\cdot}$	$\cdots$ $y_{i,e-m}$ y_{iE}	$y_{i\cdot}$	$z_{i\cdot}$
$\vdots$	$\vdots$	$\vdots$	$\vdots$ $\vdots$	$\vdots$	$\vdots$
N	*Quadrant I*		*Quadrant II*		
Σ	$\cdots$ $x_{\cdot j}$ $\cdots$	$x_{\cdot\cdot}$	$y_{\cdot,e-m}$ $y_{\cdot E}$	$y_{\cdot\cdot}$	$z_{\cdot\cdot}$
M	$\cdots$ p_{Mj} $\cdots$		$\cdots$	$p_{M\cdot}$	
$\vdots$	$\vdots$	$\vdots$			
	Quadrant III		*Quadrant IV*		
Σ	$\cdots$ $p_{\cdot j}$ $\cdots$	$p_{\cdot\cdot}$			
Σ	$\cdots$ $z_{\cdot j}$ $\cdots$	$z_{\cdot\cdot}$			

[a]E: Exporte in das Ausland, M: Importe aus dem Ausland, e: Exporte in die übrige Volkswirtschaft, m: Importe aus der übrigen Volkswirtschaft.

Abbildung 8: Die Struktur einer Bundesverflechtungstabelle

Eine weitere Darstellungsart von RIO-Tabellen ist die regionale Verflechtungstabelle (vgl. Abbildung 9 auf Seite 13). Hier werden sowohl die Importe aus dem Ausland als auch die aus den übrigen Teilen der Gesamtwirtschaft separat als Importzeilen nach Verwendungsbereichen gegliedert und in den Quadranten III und IV verbucht. Hiermit wird erkennbar, ob die regionalen Produktionssektoren Inputs aus der eigenen Region, aus der übrigen Gesamtwirtschaft oder dem Ausland beziehen. Die Güterströme innerhalb des Quadranten I sind also diejenigen, die zwischen den Produktionssektoren der betrachteten Regionalwirtschaft fließen. Deshalb kann man bei dieser Verbuchungsart auch von einer intraregionalen IO-Tabelle sprechen[25].

IO-Tabelle gibt es verschiedene Abarten. Vgl. HolSchn (1994b), Kapitel 6.2.
[25]Vgl. Müller (1993), S. 64.

	1	$\cdots$	j	$\cdots$	N	Σ		$\cdots$		e	E^a	Σ	Σ
1	*Regionale Güter*							*Regionale Güter*					
$\vdots$			$\vdots$		$\vdots$					$\vdots$	$\vdots$	$\vdots$	$\vdots$
i		$\cdots$	x_{ij}	$\cdots$		$x_{i\cdot}$		$\cdots$		y_{ie}	y_{iE}	$y_{i\cdot}$	$z_{i\cdot}$
$\vdots$			$\vdots$		$\vdots$					$\vdots$	$\vdots$	$\vdots$	$\vdots$
N	*Quadrant I*							*Quadrant II*					
Σ		$\cdots$	$x_{\cdot j}$	$\cdots$		$x_{\cdot\cdot}$				$y_{\cdot e}$	$y_{\cdot E}$	$y_{\cdot\cdot}$	$z_{\cdot\cdot}$
m		$\cdots$	p_{mj}	$\cdots$				$\cdots$				$p_{m\cdot}$	
M		$\cdots$	p_{Mj}	$\cdots$				$\cdots$				$p_{M\cdot}$	
$\vdots$			$\vdots$		$\vdots$								
	Quadrant III							*Quadrant IV*					
Σ		$\cdots$	$p_{\cdot j}$	$\cdots$		$p_{\cdot\cdot}$							
Σ		$\cdots$	$z_{\cdot j}$	$\cdots$		$z_{\cdot\cdot}$							

$^a E$: Exporte in das Ausland, M: Importe aus dem Ausland, e: Exporte in die übrige Volkswirtschaft, m: Importe aus der übrigen Volkswirtschaft.

Abbildung 9: Die Struktur einer regionalen Verflechtungstabelle

Die drei Typen von RIO-Tabellen können über Umrechnungen miteinander verknüpft werden. So kann z. B. aus einer technologischen Verflechtungstabelle eine Bundesverflechtungstabelle gewonnen werden[26]. Hierfür bedarf es bei der technologischen Verflechtungstabelle in Quadranten I und II des felderweisen Abzugs der Einfuhren aus dem Ausland, um letztlich eine interregionale IO-Tabelle bzw. eine Bundesverflechtungstabelle zu erhalten. Voraussetzung der Anwendung dieses Verfahrens ist die Existenz einer Importmatrix[27] der Importe aus dem Ausland in die betrachtete Region. Zudem können technologische und regionale Verflechtungstabelle miteinander verknüpft werden[28]. Subtrahiert man die Quadranten I und II der technologischen und der regionalen Verflechtungstabelle felderweise voneinander, so erhält man dadurch Import- und Bezugsmatrizen[29].

---

[26]Vgl. Stäglin (1990), Abschnitt 2.3.

[27]Vgl. beispielsweise Spehl (1971), S. 9, für ein Schema einer Importtabelle resp. -matrix.

[28]Vgl. Münzenmaier (1991), Abschnitt 2.4.

[29]In Importmatrizen sind Importe aus dem Ausland, in Bezugsmatrizen sind Importe

2.1.2 Determinanten des Aufbaus einer regionalen Input-Output-Tabelle

Da „in formaler Hinsicht ... kein Unterschied zwischen einer IOT [IO-Tabelle, Anm. d. Verf.], die für eine Volkswirtschaft erstellt wird und einer regionalen IOT"[30] besteht, sind die Determinanten einer RIO-Tabelle im Grunde identisch mit denjenigen einer IO-Tabelle. So weit es möglich ist, wird im Folgenden allerdings stets auf regionale Gegebenheiten Bezug genommen.

• Die Auswahl des Wirtschaftsraums als Determinante

Die Ausgestaltung einer RIO-Tabelle wird durch die Auswahl eines Wirtschaftsraums als geografischem Gebiet determiniert[31]. Die Auswahl eines geografischen Gebietes hängt von dem Zweck ab, der mit der Erstellung einer RIO-Tabelle verfolgt wird.

Üblicherweise unterscheidet man internationale, nationale und regionale IO-Tabellen[32]. Internationale IO-Tabellen[33] fassen dabei Wirtschaftsräume von Staaten zusammen, nationale IO-Tabellen[34] beziehen sich auf Wirtschaftsräume innerhalb staatlicher Grenzen, und RIO-Tabellen fokussieren Wirtschaftsräume einer Region als Subraum eines Staates.

Obwohl IO-Tabellen für verschieden große Wirtschaftsräume grundsätzlich ähnlich sind, ergeben sich dennoch konzeptionelle Unterschiede gerade im Hinblick auf Transaktionen der Wirtschaftseinheiten innerhalb des betrachteten Wirtschaftsraums mit denjenigen Wirtschaftseinheiten, die außerhalb des Wirtschaftsraums wirtschaftliche Aktivitäten ausüben. So wird insbesondere in einer Regionalwirtschaft einerseits unterschieden zwischen Exporten in die übergeordnete Volkswirtschaft und in das Ausland, andererseits zwischen Importen aus dem Ausland und aus der übergeordneten Volkswirtschaft.

In der vorliegenden Arbeit wird als Wirtschaftsraum die Region OWL in ihren administrativen Grenzen des Regierungsbezirks Detmold betrachtet. Diese Region als ein Subraum Deutschlands umfasst dabei die Kreise Gütersloh, Herford, Höxter, Lippe, Minden-Lübbecke, Paderborn und die kreisfreie Stadt Bielefeld[35].

aus den übrigen Teilen der Gesamtwirtschaft enthalten.

[30]Vgl. HolSchn (1994b), S. 70.

[31]Vgl. HolSchn (1994a), S. 11, und Stäglin (1968), S. 16 f.

[32]Daneben existieren auch sektorale IO-Tabellen, die sich auf einzelne Wirtschafts- bzw. Produktionsbereiche beziehen. Vgl. für einen Überblick über sektorale IO-Tabellen und IO-Analysen Stäglin (1980b), Abschnitt A.I.

[33]Vgl. beispielsweise Stäglin (1996), S. 185-203.

[34]Diese können auch als Zusammenfassung regionaler oder sektoraler IO-Tabellen angesehen werden.

[35]In der Systematik der Gebietseinheiten für die Statistik (NUTS) der Europäischen Gemeinschaften entspricht der Regierungsbezirk Detmold einer NUTS 2 Region, die Kreise

Bei der Abgrenzung des mit einer RIO-Tabelle erfassten Wirtschaftsraumes gilt es zudem, zwischen Generalhandels- und Spezialhandelskonzept zu unterscheiden[36].

Während bei dem Generalhandelskonzept Güter schon dann als Input verbucht werden, wenn sie in einem Zollfreigebiet resp. Zollfreilager aufbewahrt werden, sind die eingelagerten Güter bei dem Spezialhandelskonzept erst dann Input, wenn sie aus einem Zollfreigebiet resp. Zollfreilager bei der Produktionseinheit angelangen[37]. Grundsätzlich kann man sagen, dass die Region beim Spezialhandelskonzept kleiner ist als beim Generalhandelskonzept.

Je nachdem welches Prinzip der Sektorenbildung gewählt wird, verwendet man entweder das Generalhandels- oder das Spezialhandelskonzept. Das letztere Konzept entspricht dann einer Produktionsverflechtungstabelle, das erstere einer Marktverflechtungstabelle[38].

Die Determinante Auswahl des Wirtschaftsraums kann auch im Kontext des Inlands- resp. Inländerkonzepts beleuchtet werden[39].

Verwendet man das Inlandskonzept, so erfasst man alle Transaktionen, die im Inland getätigt werden. Dabei ist es gleichgültig, welche Staatsangehörigkeit eine Wirtschaftseinheit[40] hat. Es werden also z. B. Einkommen und Ausgaben von Einpendlern in den betrachteten Wirtschaftsraum berücksichtigt, die ihren Wohnsitz nicht ständig im Inland (bzw. in der Region) haben. Allerdings werden Auspendler mit ständigem Wohnsitz im Inland (bzw. in der Region) bei der Bestimmung von Einkommens- und Ausgabengrößen hier nicht miteinbezogen. Wird hingegen das Inländerkonzept herangezogen, so erfasst man alle Transaktionen, die von Inländern verrichtet werden, die

---

und die kreisfreie Stadt entsprechen NUTS 3 Regionen. Vgl. Eurostat (2003). Im ESVG 1995 der Europäischen Gemeinschaft umfasst das geografische Gebiet einer Region auch Zollfreigebiete, Zollfreilager und Fabriken unter Zollaufsicht. Vgl. ESVG (2002), Ziffer 13.05.b). Da es in OWL keine Zollfreigebiete und Zollfreilager gibt, sind Fabriken unter Zollaufsicht zu berücksichtigen, wenn Daten aus der regionalen VGR in Betracht gezogen werden sollten.

[36]Vgl. beispielsweise HolSchn (1994a), S. 15. Diese beiden Konzepte tangieren insbesondere auch die Importe aus dem Ausland in die betrachtete Region.

[37]Analoges gilt für Outputs.

[38]In dem Zusammenhang der Auswahl eines der beiden Konzepte sei noch angefügt, dass bei der Verbuchung von Inputs und Outputs auch der aktive und passive Veredelungsverkehr berücksichtigt werden muss. Vgl. Stäglin (1968), S. 49. Darüber hinaus bedarf es bei der Erstellung einer RIO-Tabelle für OWL noch der Beachtung exterritorialer Enklaven. Vgl. StaBa (2003), S. 27.

[39]Vgl. beispielsweise HolSchn (1994a), S. 31 f., und zur Begriffsbestimmung LexikonVGR (2002).

[40]D. h. eine Einzelperson eines privaten Haushalts, die im Folgenden mit Wirtschaftssubjekt bezeichnet wird.

ständig im Inland (bzw. in der Region) gebietsansässig[41] sind.

Die Auswahl eines der beiden Konzepte hat insbesondere Auswirkungen auf Einkommens- (Erwerbs- und Vermögenseinkommen), Ausgaben- (Konsum privater Haushalte) und auf Erwerbstätigkeitsbegriffe[42].

- Die zeitliche Determinante

Bei der Betrachtung der zeitlichen Determinante des Aufbaus einer RIO-Tabelle bedarf es der Berücksichtigung zweier Aspekte: Es gilt einerseits, eine Bezugsperiode zu wählen[43] und andererseits, den Verbuchungszeitpunkt der Transaktionen in der RIO-Tabelle zu bestimmen[44]. Eine RIO-Tabelle ist zeitraumbezogen, da sie eine Stromgrößenrechnung darstellt. Es ist also notwendig, eine Bezugsperiode festzulegen. Üblicherweise liegt einer RIO-Tabelle ein Kalenderjahr zu Grunde. Die Festlegung eines bestimmten Kalenderjahrs hängt von dem Zweck ab, der mit der Erstellung der RIO-Tabelle verfolgt wird[45] und von dem zur Verfügung stehenden empirischen Datenmaterial.

Die Bestimmung des Verbuchungszeitpunktes kann grundsätzlich auf vier verschiedene Arten erfolgen: Die Transaktionen können dann in einer RIO-Tabelle verbucht werden, wenn

- Verbindlichkeiten oder Forderungen entstehen,
- Zahlungen tatsächlich erfolgen,
- geliefert wird (Zeitpunkt der Lieferung) oder
- der Input in der Produktion eingesetzt wird (resp. von Endnachfragesektoren verbraucht wird).

Die Auswahl einer dieser vier Arten beeinflusst weitere Determinanten des Aufbaus von RIO-Tabellen, insbesondere die Verbuchung von Vorratsveränderungen und die Auswahl des Prinzips der Sektorengliederung[46].

---

[41]Ständig im Inland (bzw. in der Region) gebietsansässig heißt, dass der Aufenthaltsort von Wirtschaftssubjekten überwiegend das Inland (bzw. die Region) ist.

[42]Vgl. StaBa (2003), S. 62 f. Man unterscheidet darüber hinaus noch das Arbeitsortkonzept (entspricht dem Inlandskonzept) und das Wohnortkonzept (entspricht dem Inländerkonzept).

[43]Vgl. Stäglin (1968), S. 14.

[44]Vgl. HolSchn (1994a), S. 32.

[45]Ist der Zweck die Darstellung der aktuellen Strukturgegebenheiten einer Regionalwirtschaft, so bedarf es der zeitnahen Erstellung einer RIO-Tabelle. Allerdings solle man nicht auf die Aufstellung von Input-Output-Tabellen für weiter zurückliegende Zeiträume verzichten, da man durchaus auch ältere Tabellen verwenden könne. Vgl. Stäglin (1968), S. 14.

[46]Vgl. zu diesen beiden Determinanten die in diesem Unterabschnitt nachfolgenden Ausführungen.

16

• Die Festlegung der Tabellengröße als Determinante

In der konzeptionellen Phase der Erstellung einer RIO-Tabelle ist die Festlegung der Tabellengröße erforderlich. Der Übersichtlichkeit halber kann folgende Kategorisierung[47] hinsichtlich der Tabellengröße dienen:

Anzahl Produktionssektoren	Größe
< 20	klein
20 - 50	mittel
> 50	groß
(> 100	sehr groß)

Tabelle 1: Größenkategorisierung von IO-Tabellen

Die Festlegung der Anzahl der betrachteten Sektoren[48] hängt von dem verfolgten Zweck der Tabellenerstellung ab. Die Auswahl der Größe einer RIO-Tabelle hängt zudem noch ab von empirischem Datenmaterial, weswegen es nach Konzeption einer RIO-Tabelle je nach Datenlage noch zu Aggregation oder Disaggregation kommen kann.

• Die Verbuchung von Vorratsveränderungen als Determinante

Vorratsveränderungen der Produktionssektoren „...erfassen den Wert der Vorratszugänge abzüglich des Wertes der Abgänge (einschließlich ‚normaler‘ Verluste) vom Vorratsbestand."[49] I. d. R. werden die Vorratsveränderungen in einer RIO-Tabelle zusammen mit dem Nettozugang an Wertsachen ausgewiesen[50]. Wertsachen sind „...nichtfinanzielle Vermögensgüter, die primär als Wertanlage dienen und nicht der Produktion oder dem Konsum und die normalerweise ihren physischen Wert erhalten."[51]

Vorräte setzen sich zusammen aus unfertigen Erzeugnissen und Fertigwaren aus eigener Produktion, die auch als Output-Vorräte bezeichnet werden.

---

[47]Vgl. Stäglin (1968), S. 14 f., und HolSchn (1994b), Kapitel 7.1.1. Diese Autoren berücksichtigen über die Kategorisierung hinaus noch Aspekte der Anwendbarkeit von unterschiedlich großen IO-Tabellen.

[48]Hierzu zählen grundsätzlich neben den Produktionssektoren auch die Endnachfragesektoren und die Sektoren des primären Bereichs.

[49]Vgl. ESVG (2002), Ziffer 3.117.

[50]So auch in Abbildung 3 auf Seite 6.

[51]Vgl. ESVG (2002), Ziffer 3.125. Der Nettozugang an Wertsachen besteht in der Input-Output-Rechnung (IO-Rechnung) des Statistischen Bundesamtes „...ausschließlich aus den Käufen abzüglich Verkäufen der privaten Haushalte von Goldbarren und nichtumlauffähigen Goldmünzen". Vgl. StaBa (2003), Abschnitt 3.2.5.

Als Input-Vorräte hingegen werden Vorleistungsgüter (Roh-, Hilfs- und Betriebsstoffe) und Handelswaren bezeichnet[52].

Es besteht die Möglichkeit, Input- und Output-Vorräte getrennt in einer RIO-Tabelle auszuweisen[53]: Sie werden dann getrennt dargestellt, wenn in Quadrant III eine zusätzliche Zeile für die Input-Vorräte eingerichtet wird, so dass in Quadrant II dann die Output-Vorräte separat verbucht werden. Vorratsveränderungen werden auch dann unterschiedlich verbucht, wenn entweder eine Marktverflechtungs- oder eine Produktionsverflechtungstabelle erstellt wird[54]. Wird die erste Variante gewählt, so werden die Vorräte (d. h. sowohl Input- als auch Output-Vorräte) bei demjenigen Produktionssektor verbucht, der die Güter gekauft resp. produziert hat, aber die gekauften Güter noch nicht in der Produktion eingesetzt resp. seine produzierten Güter noch nicht verkauft hat. Bei letzterer Variante werden sie erst dann als Vorratsveränderung bei dem abgebenden Produktionssektor verbucht, wenn sie auch tatsächlich in der Produktion des Sektors eingesetzt worden sind, der die Güter gekauft hat. Die unterschiedliche Verbuchung der Vorräte ist bedingt durch den Darstellungszweck der jeweiligen Variante.

• Die Auswahl des Preiskonzepts als Determinante

Die Felderwerte einer RIO-Tabelle können grundsätzlich mit drei unterschiedlichen Preisen[55] bewertet werden:

Für inländische Güter ergibt sich folgender Zusammenhang[56]: Der Herstellungspreis[57] deckt die Produktionskosten eines hergestellten Gutes, d. h. er schließt sowohl die Kosten für Vorleistungsgüter als auch Entgelte für Produktionsfaktoren ein. Werden dem Herstellungspreis sonstige Gütersteuern (abzüglich sonstiger Gütersubventionen)[58] hinzugerechnet, erhält man den

---

[52]Vgl. zur Zusammensetzung von Vorräten ESVG (2002), Ziffer 3.119, und zur Kategorisierung in Input- und Output-Vorräte z. B. Stäglin (1968), S. 48.

[53]Vgl. Stäglin (1968), S. 48 und S. 49.

[54]Vgl. beispielsweise HolSchn (1994a), S. 14.

[55]Die nachfolgende Tabelle 2 in Anlehnung an HolSchn (1994a), S. 16. Hier wird lediglich auf das Nettosystem eingegangen, d. h. es wird sowohl bei inländischen als auch bei importierten Gütern die nichtabzugsfähige Umsatzsteuer (Ust.) berücksichtigt. Vgl. HolSchn (1994b), S. 89, hinsichtlich unterschiedlicher Handhabungen der Umsatzsteuer.

[56]Analoges gilt für importierte Güter, d. h. Güter, die aus dem Ausland in die Region eingeführt werden. Vgl. Tabelle 2 auf Seite 19. Dabei setzt sich der cif-Preis (cost, insurance, freight) zusammen aus dem ausländischen Ab-Werk-Preis, der Handelsspanne und den Versicherungs- und Transportkosten ab der ausländischen Produktionsstätte bis zur Grenze des Importlandes. Vgl. LexikonVGR (2002).

[57]Vgl. zur Begriffsbestimmung LexikonVGR (2002).

[58]Vgl. zu den Begriffsbestimmungen ESVG (2002), Ziffern 4.19 und 4.35.

Ab-Werk-Preis. Addiert man zudem noch Transportkosten (im Inland)[59], die Handelsspanne (von Handelsvermittlung, Groß- oder Einzelhandel) und die nichtabzugsfähige Umsatzsteuer (im Inland ist dies die Mehrwertsteuer), so gelangt man zum Käuferpreis. Er ist derjenige Preis, den Käufer tatsächlich zum Zeitpunkt des Kaufs der Güter zahlen müssen.

Inländische Güter	Importierte Güter
Herstellungspreis	*cif-Preis*
+ sonstige Gütersteuern	+ Importabgaben ohne Einfuhrust.
− sonstige Gütersubventionen	− Importsubventionen
= *Ab-Werk-Preis*	= *Ab-Zoll-Preis*
+ Transportkosten (im Inland)	+ Transportkosten (im Inland)
+ Handelsspanne	+ Handelsspanne
+ nichtabzugsfähige Ust.	+ nichtabzugsfähige Ust. auf Importe
(Mehrwertsteuer)	(Einfuhrust.)
= *Käuferpreis*	= *Käuferpreis*

Tabelle 2: Preiskonzepte für inländische und importierte Güter

Prinzipiell sollten alle Tabellenfelder wegen der Konsistenz einheitlich bewertet werden[60]. Zudem gilt es zu beachten, dass es bei der felderweisen Bewertung der Ströme mit Käuferpreisen resp. Ab-Werk-Preisen zeilenweise zu Preisheterogenitäten kommen kann. Bei Verwendung des Käuferpreises kann es hierzu kommen, wenn z. B. ein Gut für zwei verschiedene Abnehmer unterschiedlich teuer ist, da ein Abnehmer aufgrund einer weiteren Entfernung vom Produzenten wegen höherer Transportkosten (bei gleich hoher Handelsspanne) mehr zahlen muss als ein anderer Abnehmer, der räumlich dem Produzenten näher gelegen ist. Dieser Effekt wird durch die Verwendung von Ab-Werk-Preisen aufgehoben, da dieser keine Transportkosten (und auch nicht die Handelsspanne) umfasst. Allerdings ergeben sich auch bei letztgenanntem Preis Heterogenitäten, wenn unterschiedliche Abnehmer verschieden hohe sonstige Gütersteuern zahlen müssen (resp. verschieden hohe sonstige Gütersubventionen erhalten)[61]. Deshalb kann man hinsichtlich der Preisheterogenität beim Herstellungspreis von einem optimalen Preis spre-

---

[59] Das Statistische Bundesamt weist in seiner IO-Tabelle mit Basisjahr 1997 die Transportkosten zusammen mit dem Herstellungspreis aus, „...selbst wenn sie auf der Rechnung getrennt ausgewiesen werden." Getrennt in Rechnung gestellte Transportkosten zählen hingegen nicht mit zu dem Herstellungspreis. Vgl. StaBa (2003), S. 14.

[60] Vgl. HolSchn (1994b), S. 88.

[61] Vgl. Zwer (1986), S. 83.

chen[62].

Da eine Marktverflechtungstabelle die Transaktionen abbilden soll, die über den Markt vollzogen werden, bietet sich in diesem Fall die Verwendung des Käuferpreises an[63]. Herstellungspreise eignen sich demgegenüber für die Erstellung einer Produktionsverflechtungstabelle[64].

• Die Auswahl der Verbuchungsart für Importe als Determinante

Grundsätzlich gibt es vier Varianten[65], Importe[66] in einer RIO-Tabelle zu verbuchen:

i.) Verbuchung der Importe nach Verwendungsbereichen

In diesem Fall werden Importe als Zeile in Quadranten III und IV ausgewiesen, d. h. es wird ersichtlich, welche Produktions- und Endnachfragesektoren die importierten Güter geliefert bekommen haben.

ii.) Verbuchung der Importe nach Ursprungsbereichen

Werden die Importe nach Ursprungsbereichen verbucht, so erhöhen sich die Felderwerte der Quadranten I und II um gleiche oder zumindest ähnliche importierte Güter. Es werden demzufolge sämtliche Outputs der Produktionssektoren ausgewiesen, unabhängig von ihrer inländischen oder ausländischen Herkunft. Der Quadrant I wird dann auch als Matrix der technischen Verflechtung bezeichnet.

Um die Gleichheit von Zeilen- und Spaltensumme wieder herzustellen[67], existieren zwei Verfahren: Bei dem ersten werden sämtliche Importe als Spalte in Quadrant II mit negativem Vorzeichen ausgewiesen, bei dem zweiten werden sämtliche Importe als Zeile in Quadrant III[68] mit positivem Vorzeichen verbucht.

---

[62]Vgl. Zwer (1986), S. 83 und S. 150. Der Autor weist darauf hin, dass es allerdings auch hier zu Heterogenitäten kommen könne, wenn man Gütersteuern der vorgelagerten Produktionsstufe berücksichtigen würde. Darüber hinaus sei es problematisch, Herstellungspreise zu berechnen.

[63]Vgl. beispielsweise HolSchn (1994a), S. 17. Stäglin (1968), S. 57 f., weist auf die möglichen Konsequenzen der Verwendung des Käuferpreises für die Input-Koeffizienten hin.

[64]Vgl. HolSchn (1994b), S. 88. An dieser Stelle sei noch auf Stäglin (1968), S. 56 ff., verwiesen, der verschiedene Verbuchungsmöglichkeiten von Transportkosten und der Handelsspanne bei der Verwendung von Käuferpreisen resp. Herstellungspreisen darstellt.

[65]Vgl. zu den Varianten HolSchn (1994a), S. 24 ff., und Stäglin (1968), S. 49 ff.

[66]Bei den Ausführungen zu dieser Determinante handelt es sich um Importe aus dem Ausland in die betrachtete Region. Verbuchungszeitpunkt soll der Lieferzeitpunkt sein.

[67]Vgl. Gleichung (8) auf Seite 9.

[68]Hier wird die Importzeile im Gegensatz zu i. nicht nach Verwendungs- sondern nach Ursprungbereichen gegliedert.

20

iii.) Unterschiedliche Verbuchung von konkurrierenden und komplementären
Gütern

Bei dieser Variante der Verbuchung von Importen werden konkurrierende
und komplementäre Importgüter unterschieden. Konkurrierende Güter aus
dem Ausland sind solche, die auch von intraregionalen Produktionssektoren geliefert werden könnten, wohingegen komplemetäre Güter lediglich von
ausländischen Produktionssektoren geliefert werden können.

Komplemetäre Importgüter werden bei dieser Variante nach Verwendungsbereichen verbucht[69], konkurrierende Importgüter werden hingegen zusammen mit den Outputs der intraregionalen Produktionssektoren ausgewiesen
und erhöhen somit die Felderwerte der Quadranten I und II. Um die Gleichheit von Zeilen- und Spaltensumme wieder herzustellen[70], werden diese konkurrierenden importierten Güter mit negativem Vorzeichen als Spalte in Quadrant II verbucht[71].

iv.) Sektorale Zerlegung von Importen

Die sektorale Zerlegung von Importen impliziert eine eigens erstellte Importmatrix. In ihr sind Importe nach Ursprungs- und Verwendungsbereich-
en[72] gegliedert, und zwar in gleicher Dimension (resp. Ordnung) wie intraregionale Ursprungs- und Verwendungsbereiche. Da diese Variante iv.) Basis
für die drei vorangegangenen Varianten i.) - iii.) sein kann, „...sollte man im-
mer versuchen, eine Einfuhr-Matrix der eben beschriebenen Art aufzustellen,
ganz abgesehen davon, daß es ohne sie oft nicht einmal möglich ist, die Summe der nach Verwendungs- und Ursprungsbereichen zugeteilten Einfuhren zu
ermitteln."[73]

• Die Auswahl des Prinzips der Sektorenbildung als Determinante

Bei der Konzeption einer RIO-Tabelle bedarf es der Festlegung des Prinzips der Sektorenbildung[74] in dem Quadranten I[75]. Die Sektorenbildung ist

---

[69]Also wie bei Variante i.)

[70]Vgl. Gleichung (8) auf Seite 9.

[71]Zu weiteren Implikationen bei dieser Verbuchungsvariante vgl. HolSchn (1994a), S. 30.

[72]Verwendungsbereiche sind hier wie in i.) intraregionale Produktions- und Endnachfragesektoren, Ursprungsbereiche hingegen sind ausländische Produktionssektoren.

[73]Vgl. Stäglin (1968), S. 54. Der Autor wählt in seiner Arbeit eine andere Herangehens-
weise als die hier vorgestellte Variante iv.), grundsätzlich sind diese allerdings konform.

[74]Die Sektoren in Kopfzeile und Vorspalte in dem Quadranten I sind stets Darstellungseinheiten, die i. d. R. von Erhebungseinheiten abgegrenzt werden müssen. Mitunter
können Darstellungs- und Erhebungseinheiten allerdings auch identisch sein. Vgl. dazu
Zwer (1986), S. 45 f., der in seiner Arbeit die Begriffe Untersuchungs- und Darstellungs-
einheit synonym verwendet.

[75]Die Festlegung hat dann auch Auswirkungen auf die übrigen Quadranten der RIO-
Tabelle. Für eine Übersicht der Auswirkungen auf andere Determinanten der Erstellung

abhängig von der Fragestellung, die mit einer RIO-Tabelle beantwortet werden soll. Wählt man einerseits institutionelle (Wirtschafts-)Einheiten (ggf. aggregiert zu Wirtschaftsbereichen) als Prinzip der Sektorenbildung, so erhält man eine institutionelle Verflechtungstabelle, die auch als Marktverflechtungstabelle bezeichnet wird. Entscheidet man sich andererseits für funktionale (Wirtschafts-)Einheiten bzw. homogene Produktionseinheiten (ggf. aggregiert zu Produktionsbereichen) als Prinzip der Sektorenbildung, so erhält man eine funktionale Verflechtungstabelle, die auch als Produktionsverflechtungstabelle charakterisiert werden kann[76].

Sollen mit einer Marktverflechtungstabelle Ströme zwischen den Sektoren dargestellt werden, die über den Markt[77] verlaufen (d. h. Käufe und Verkäufe bzw. Bezüge und Absätze), werden mit einer Produktionsverflechtungstabelle eher die technischen Zusammenhänge zwischen den Sektoren abgebildet[78].

Die Sektorenbildung in einer Marktverflechtungstabelle erfolgt durch Aggregation von institutionellen (Wirtschafts-)Einheiten zu Wirtschaftsbereichen mit ausreichend gemeinsamen Merkmalen. Diese Merkmale sind in erster Linie die Produktion ähnlicher Güter, der Einsatz gleicher Rohstoffe oder die Verwendung ähnlicher Produktionsverfahren[79]. Als Erhebungseinheiten für eine Marktverflechtungstabelle kommen Unternehmen, örtliche Einheiten, fachliche Unternehmensteile oder fachliche Betriebsteile infrage[80]. Die Sekto-

---

einer (R)IO-Tabelle vgl. HolSchn (1994a), S. 33. Andererseits hat die Festlegung anderer Determinanten prinzipiell auch Auswirkungen auf die Auswahl des Prinzips der Sektorenbildung.

[76]Vgl. zu den Begriffsbestimmungen LexikonVGR (2002). Darüber hinaus existieren noch Mischtypen, die zwischen Marktverflechtungs- und Produktionsverflechtungstabellen verortet sind. Vgl. HolSchn (1994a), S. 14. Stäglin (1968), S. 20, weist zudem noch auf andere Aggregationskriterien hin.

[77]In Anlehnung an Stäglin (1968), S. 21, wird der Markt hier als Ort verstanden, an dem sich Angebot und Nachfrage von Unternehmen, örtlichen Einheiten, Unternehmens- oder Betriebsteilen, also von institutionell abgegrenzten Wirtschaftseinheiten, treffen.

[78]Deswegen kann mit einer Marktverflechtungstabelle eine Absatz-Bezugsfunktion, mit einer Produktionsverflechtungstabelle eine Produktionsfunktion erstellt werden. Vgl. Zwer (1986), S. 201 f.

[79]Vgl. Stäglin (1968), S. 20.

[80]Vgl. HolSchn (1994a), S. 17-24, für ein Beispiel zur Abgrenzung der vier Kategorien. Des weiteren können noch tiefergehende Kategorisierungen bis hin zu Kostenstellen vorgenommen werden. Vgl. Stäglin (1968), S. 20 und S. 31. Die Zuordnung der institutionell abgegrenzten Erhebungseinheiten zu den jeweiligen Wirtschaftsbereichen erfolgt nach dem Schwerpunktprinzip (ohne Rücksicht auf Heterogenitäten innerhalb der Erhebungseinheiten), was für die funktional abgegrenzten Erhebungseinheiten nicht der Fall ist. Vgl. Stäglin (1968), S. 20 und S. 28. Der Schwerpunkt einer Erhebungseinheit kann anhand unterschiedlicher Kennzahlen festgelegt werden. Stäglin (1968), S. 20, schlägt hierfür die Beschäftigtenzahl vor, Werner (1965), S. 44, sieht die ,Wertschöpfung' innerhalb einer

renbildung in einer Produktionsverflechtungstabelle erfolgt durch Aggregation von funktionalen (Wirtschafts-)Einheiten bzw. homogenen Produktionseinheiten zu Produktionsbereichen, die bestimmte Güter bzw. möglichst homogene Gütergruppen repräsentieren. Die Sektoren sollten so gegliedert sein, dass eine gemeinsame Produktionstechnik, ähnlicher Rohstoffeinsatz und der gleiche Verwendungszweck der Güter vorhanden ist[81]. Die Erhebungseinheiten sind die gleichen wie für eine Marktverflechtungstabelle, jedoch mit dem Unterschied, dass diese jetzt nicht mehr institutionell, sondern funktional abgegrenzt sind[82]. Diese Abgrenzung führt dann z. B. zu hypothetischen Unternehmen[83].

Erhebungseinheit als idealen Maßstab.

[81]Vgl. Stäglin (1968), S. 28. Die Sektorengliederung von funktionalen Erhebungseinheiten kann auch kategorisiert werden in Inputhomogenität, d. h. nach der Ähnlichkeit des Produktionsprozesses (activity basis), und in Outputhomogenität, d. h. nach dem Verwendungszweck der Güter (commodity basis). Vgl. HolSchn (1994a), S. 12 f., und Schumann (1965), S. 17-19.

[82]Vgl. Stäglin (1968), S. 28. Der Autor verwendet anstelle des Begriffes institutionell organisatorisch-institutionell und anstelle von funktional produktmäßig.

[83]Vgl. Stäglin (1968), S. 29.

2.2 Nutzungsmöglichkeiten von regionalen Input-Output-Tabellen

Nutzungsmöglichkeiten von RIO-Tabellen bestehen vor allem einerseits in der deskriptiven und andererseits in der modellmäßigen Auswertung[84]. Darüber hinaus bieten (R)IO-Tabellen noch weiter reichende Nutzungsmöglichkeiten.

Die deskriptive Auswertung erlaubt Strukturbeschreibungen von mit RIO-Tabellen erfassten Sektoren eines Wirtschaftsraums. Mit Strukturbeschreibungen ist in erster Linie das Sichtbarmachen von direkten gegenseitigen Verflechtungen der Sektoren eines Wirtschaftraumes gemeint. D. h. insbesondere, dass man mittels einer RIO-Tabelle Bezugs- und Absatzstrukturen (resp. Kosten- und Erlösstrukturen)[85] der im erfassten Wirtschaftsraum vorhandenen Produktionssektoren kenntlich machen kann.

Wird eine RIO-Tabelle spaltenweise gelesen, so wird ersichtlich, woher die Produktionssektoren ihre Inputs beziehen: Ein Produktionssektor j kann Inputs von anderen Produktionssektoren und von sich selbst beziehen. Darüber hinaus kann Produktionssektor j auch Inputs von Sektoren des primären Bereichs erhalten. Wird eine RIO-Tabelle dagegen zeilenweise gelesen, so wird ersichtlich, wohin die Produktionssektoren ihre Outputs liefern: Ein Sektor i kann Outputs an andere Produktionssektoren und an sich selbst liefern. Zusätzlich kann ein Produktionssektor i noch Outputs an Endnachfragesektoren liefern.

Die deskriptive Auswertung einer RIO-Tabelle erlaubt zudem noch die Berechnung von Strukturkoeffizienten, d. h. die Berechnung von Input- und Output-Koeffizienten[86]:

---

[84]Bei der deskriptiven Auswertung einer RIO-Tabelle wird der IV. Quadrant im Folgenden nicht berücksichtigt. Die in diesem Abschnitt gemachten Anmerkungen zu der modellmäßigen Auswertung beziehen sich auf das offene statische Leontief-Modell (Mengenmodell). Vgl. für einen zusammenfassenden Überblick über verschiedene Nutzungsmöglichkeiten von (R)IO-Tabellen Plitzka (1983), S. 12 f., Stäglin (1980a), Abschnitt 3, und auch Stäglin (2003), Abschnitt 2.3, für weitere Anwendungsfelder.

[85]Es wird in diesem Abschnitt 2.2 davon ausgegangen, dass der Lieferzeitpunkt auch der Verbuchungszeitpunkt in einer RIO-Tabelle ist. Vgl. zum Verbuchungszeitpunkt Abschnitt 2.1.2.

[86]Für einen Produktionssektor j berechnet man Input-Koeffizienten über die Division der einzelnen Felderwerte x_{ij} des Quadranten I einer RIO-Tabelle durch den Produktionswert $z_{.j}$, d. h. durch die Spaltensumme (ohne die ggf. erfassten Importe) des Produktionssektors j. Darüber hinaus kann man noch Input-Koeffizienten der Quadranten III und II berechnen, d. h. also $a_{ij} = \frac{p_{ij}}{z_{.j}}$ bzw. $a_{ij} = \frac{y_{ij}}{y_{.j}}$ (vgl. zu den Definitionen der Variablen der Quotienten Abschnitt 2.1). Analog dazu erfolgt die Berechnung der Output-Koeffizienten. Vgl. zu den Berechnungen z. B. HolSchn (1994b), S. 152 ff. Es sei noch darauf hingewiesen, dass abhängig von der Auswahl des Prinzips der Sektorenbildung Input-Koeffizienten entweder als technische Koeffizienten bzw. Produktionskoeffizienten oder als ökonomische bzw.

$$a_{ij} = \frac{x_{ij}}{z_{.j}}, \quad \text{für} \quad i, j = 1, \ldots, N \quad \text{als Input-Koeffizienten bzw.} \quad (10)$$

$$o_{ij} = \frac{x_{ij}}{z_{i.}}, \quad \text{für} \quad i, j = 1, \ldots, N \quad \text{als Output-Koeffizienten.} \quad (11)$$

Input-Koeffizienten zeigen an, wieviel Einheiten ein Sektor j von einem anderen Sektor i beziehen muss, damit eine Outputeinheit des Sektors j geliefert werden kann. Output-Koeffizienten zeigen dagegen an, welcher Anteil des Gesamtoutputs $z_{i.}$ an Produktions- oder Endnachfragesektoren geliefert worden ist[87]. Hat man diese Strukturkoeffizienten berechnet, so wird ersichtlich, wie intensiv die gegenseitigen (Liefer-)Abhängigkeiten der Produktionssektoren sind.

Hat man eine RIO-Tabelle sowohl absolut als auch anteilsmäßig ausgewertet, so ist darüber hinaus die Erstellung von Rangfolgen möglich. Es kann dann z. B. gezeigt werden, welche Sektoren für einen Produktionssektor i absolut bzw. relativ am kostenintensivsten sind und wie einflussreich sie hinsichtlich der Absatzstruktur sind. Zudem kann über die Ermittlung von Rangfolgen hinsichtlich der Produktionswerte oder der Bruttowertschöpfungen gezeigt werden, welche Bedeutung verschiedene Produktionssektoren eines Wirtschaftsraumes für die mit der RIO-Tabelle erfasste Regionalwirtschaft haben.

RIO-Tabellen können innerhalb der deskriptiven Auswertung auch Grundlage für die Ausarbeitung einer Hierarchie der Produktionssektoren eines Wirtschaftsraumes sein. Üblicherweise sind Produktionssektoren in einer RIO-Tabelle so angeordnet, dass der erste Produktionssektor der primäre (Land- und Forstwirtschaft), der zweite der sekundäre (industrielle Wirtschaft) und der dritte der tertiäre Sektor (Dienstleistungswirtschaft) ist[88]. Um herauszufinden welche Produktionssektoren innerhalb des betrachteten Wirtschaftsraumes mehr Vorleistungs- oder mehr Endnachfragecharakter haben, dient das Verfahren der Triangulation[89]. Die nach Anwendung dieses Verfahrens

Marktkoeffizienten angesehen werden. Vgl. Stäglin (1968), S. 28 und S. 31. Des weiteren ist an dieser Stelle noch anzumerken, dass abhängig von der Auswahl der Verbuchungsart für Importe (vgl. Abschnitt 2.1.2) und abhängig von der Auswahl des Typs einer regionalen IO-Tabelle (vgl. Abschnitt 2.1.1) die Input- bzw. Output-Koeffizienten unterschiedlich interpretiert werden müssen. Vgl. dazu exemplarisch HolSchn (1994a), S. 31.

[87]Diese Betrachtungsweisen der Input- und Output-Koeffizienten gelten für eine RIO-Tabelle der Marktverflechtung.

[88]In der Praxis sind RIO-Tabellen, insbesondere der Quadrant I, üblicherweise jedoch in weit mehr als drei Sektoren gegliedert.

[89]Die Vorgehensweise beruht auf der Maximierung [Minimierung] der Summe derjenigen Elemente, die oberhalb [unterhalb] der Hauptdiagonalen einer Vorleistungsmatrix (Qua-

neu angeordnete Matrix der Vorleistungsverflechtungen beginnt hinsichtlich der Vorspalte resp. der Kopfzeile also mit den Produktionssektoren, die vornehmlich an andere Produktionssektoren liefern, allerdings wenig von ihnen erhalten (so genannte ‚Urproduktionssektoren‘), und endet mit denjenigen, die intensiv Vorleistungsgüter beziehen und am meisten an die Endnachfrage liefern (so genannte ‚endnachfrageorientierte Produktionssektoren‘)[90]. Mit diesem Verfahren wird bei Untersuchungen von Produktionsstrukturen[91] der Produktionsfluss innerhalb eines Wirtschaftsraumes kenntlich gemacht.

Das Triangulationsverfahren ist ein Mittel, um so genannte Schlüsselsektoren eines Wirtschaftsraumes kenntlich zu machen[92]. Schlüsselsektoren sind solche Produktionssektoren, die aufgrund ihrer besonderen Verflechtung mit den übrigen Sektoren eines Wirtschaftsraumes einen erheblichen Einfluß auf die dortige Regionalwirtschaft ausüben können. Kenntnisse über Schlüsselsektoren ließen gezielt Instrumente sektoraler Wirtschaftspolitik zu[93].

Die deskriptive Auswertung von RIO-Tabellen ist abzugrenzen von der modellmäßigen Auswertung. Letztere ist ein Instrument zur Ermittlung von direkten und indirekten Zusammenhängen zwischen den Sektoren einer RIO-Tabelle, wohingegen erstere ausschließlich die direkten Verflechtungen beschreibt.

Die modellmäßige Auswertung von RIO-Tabellen[94] kann schematisch wie folgt dargestellt werden[95]:

---

drant I) liegen, um letztlich nach der Optimierung eine Matrix zu erhalten, deren Elemente unterhalb der Hauptdiagonalen gleich null oder näherungsweise null sind. Aber auch die Maximierung [Minimierung] der Summe derjenigen Elemente, die unterhalb [oberhalb] der Hauptdiagonalen liegen, wird bei der Triangulation in Betracht gezogen. Vgl. Wessels (1981), S. 15. Daneben gibt es noch weitere Verfahren zur Triangulation von Matrizen. Vgl. Wessels (1981), Abschnitt A.III.

[90]Es existieren auch Verfahren zur Hierarchisierung von Sektorblöcken. Vgl. Wessels (1981), Abschnitt A.VI.

[91]Vgl. Wessels (1981), Abschnitt C.II.2, zu verschiedenen Typologien von Produktionsstrukturen.

[92]Daneben gibt es noch weitere Verfahren, um Schlüsselsektoren zu bestimmen. Vgl. Siegler (1983), Kapitel IV.2.

[93]Dies beträfe insbesondere die Konjunktur-, Wachstums-, Technologie- oder Entwicklungpolitik. Vgl. Siegler (1983), S. 48. Wessels (1981), Abschnitte C.III und C.IV, beschreibt ebenfalls Anwendungsmöglichkeiten triangulierter und blocktriangulierter (R)IO-Tabellen.

[94]Einen Überblick über die modellmäßige Auswertung von (R)IO-Tabellen gibt Stäglin (1980a), Abschnitt 2.2.

[95]Wie schon in Fußnote 84 angemerkt beziehen sich die hier getroffenen Aussagen auf das offene statische Leontief-Modell (Mengenmodell). Darüber hinaus gibt es in der Literatur noch weitere Abarten von Input-Output-Modellen (IO-Modellen), die grundsätzlich unterteilt werden in offene und geschlossene, statische und dynamische und zudem noch in Mengen- und Preismodelle. Vgl. für einen Überblick über die verschiedenen Mo-

Grundlage für die modellmäßige Auswertung von RIO-Tabellen sind Input-Koeffizienten (vgl. Gleichung (10) auf Seite 25). Berechnet man alle Input-Koeffizienten der Matrix der intermediären Vorleistungsverflechtungen, so ergibt sich die nichnegative[96] Koeffizientenmatrix A:

$$A = (a_{ij}) = \begin{pmatrix} a_{11} & a_{12} & \cdots & a_{1N} \\ a_{21} & a_{22} & \cdots & a_{2N} \\ \vdots & \vdots & \ddots & \vdots \\ a_{N1} & a_{N2} & \cdots & a_{NN} \end{pmatrix} \tag{12}$$

Berücksichtigt man die Input-Koeffizienten der Gleichung (10) in dem System der definitionsgemäßen bilanztechnischen Relation der Gleichung (4) $(i = 1,\ldots,N)$, so ergibt sich matriziell folgende Gleichung[97]:

$$z = Az + y \tag{13}$$

In dieser Gleichung (13) stellt A die $N \times N$ Matrix der Input-Koeffizienten dar. z ist der $N \times 1$ Vektor des Gesamtoutputs der Produktionssektoren (z_i, $i = 1,\ldots,N$), und y ist der $N \times 1$ Vektor der gesamten Endnachfrage (y_i, $i = 1,\ldots,N$).

Nach Umformungen erhält man die so genannte Angebotsform des statischen offenen Mengenmodells[98]. D. h. es kann bei gegebenem Outputvektor z und gegebener Matrix A der Input-Koeffizienten auf die entsprechende Endnachfrage y, d. h. also die angebotenen Güter, geschlossen werden:

$$z - Az = y \Leftrightarrow (I - A)z = y \tag{14}$$[99]

---

dellvarianten HolSchn (1994a), Abschnitt 1.3, und Schumann (1968), zweiter und dritter Teil, für eine ausführliche Diskussion unterschiedlicher Modellvarianten. Hinsichtlich des offenen statischen Leontief-Modells (Mengenmodell) gilt die Annahme, dass die produktionstechnischen Zusammenhänge zwischen Inputs und Outputs durch eine Leontief-Produktionsfunktion dargestellt werden. Diese ist vor allem charakterisiert durch eine lineare Technologie mit festen Produktionskoeffizienten (Input-Koeffizienten), wobei die Inputs komplementär zueinander sind, d. h. Substitutionsmöglichkeiten zwischen den Inputs werden ausgeschlossen. Vgl. hierzu Krelle (1967), S. 143 ff.

[96]Dieses Ergebnis ergibt sich aus den Annahmen, dass negative intermediäre Inputs ausgeschlossen und nur positive Produktionswerte zugelassen werden: $x_{ij} \geq 0$, $i,j = 1,\ldots,N$, und $z_{.j} > 0$, $j = 1,\ldots,N$. Vgl. Schumann (1968), S. 32.

[97]Vgl. den mathematischen Anhang (Anhang A.1) zur Herleitung der Gleichung (13) bzw. (14).

[98]Vgl. HolSchn (1994a), S. 94.

[99]In dieser Gleichung und in nachfolgenden Ausführungen stellt I eine Einheitsmatrix (mit zu A entsprechender Ordnung) dar.

Nach Inversion der Matrix (I - A) erhält man schließlich die so genannte Nachfrageform des statischen offenen Mengenmodells[100]. D. h. bei gegebener Endnachfrage y und gegebener Matrix A der Input-Koeffizienten kann man auf den entsprechenden Outputvektor z schließen:

$$z = (I - A)^{-1}y \qquad (15)$$

Die Matrix (I - A)$^{-1}$ = C wird auch als Leontief-Inverse bezeichnet[101]. Die einzelnen Elemente c_{ij} ($i, j = 1, \dots$,N) dieser Matrix geben an, wie viel Output ein Produktionssektor i direkt und indirekt erbringen muss, wenn eine zusätzliche Einheit des Produktionssektors j nachgefragt wird[102]. Dies kann veranschaulicht werden, wenn die Leontief-Inverse approximiert wird durch nachfolgende Potenzreihe[103]:

$$C = (c_{ij}) = (I - A)^{-1} = I + A + A^2 + A^3 + A^4 + \dots \qquad (16)$$

Wird die Leontief-Inverse bzw. hier deren Approximation multipliziert mit dem Vektor y der Endnachfrage, so sieht man, dass zunächst durch Multiplikation mit der Einheitsmatrix I die nachgefragte Menge[104] selbst von den entsprechenden Produktionssektoren direkt bereitzustellen ist. Abzulesen ist zudem, dass nach Multiplikation des Vektors y mit der Matrix A der Input-Koeffizienten auch die von den nachgelagerten Produktionssektoren entsprechenden Mengen bereitzustellen sind. Die nachfolgenden Summanden stellen dann nach Multiplikation mit dem Vektor y die indirekten Effekte dar, die ohne eine Inversion der Matrix (I - A) nicht ermittelbar wären.

Alle oben genannten Auswertungsmöglichkeiten von (R)IO-Tabellen dienen der Diagnose und Prognose[105] der Produktionsstruktur eines Wirtschaftsraumes. Darüber hinaus können eine RIO-Tabelle und deren deskriptive und modellmäßige Auswertungen verwendet werden, um die Produktionsstruktur eines Wirtschaftsraumes mit derjenigen eines anderen Wirtschaftsraumes zu

---

[100]Vgl. HolSchn (1994a), S. 32.

[101]Vgl. HolSchn (1994a), Abschnitt 2.2.1.3, zur Problematik der Inversion der Matrix (I - A).

[102]Vgl. HolSchn (1994a), S. 102 f.

[103]Vgl. Stäglin (1973), S. 49, und MillerBlair (1985), Abschnitt 2.4, für eine Herleitung der Gleichung (16).

[104]In diesem Zusammenhang wird von Mengen- und nicht von Wertgrößen gesprochen, da die IO-Analyse erstere Größen zum Inhalt hat. Der Übergang von einer RIO-Tabelle mit Wertgrößen zu einer RIO-Tabelle mit Mengengrößen erfolgt durch die Annahme, dass die Wertgrößen als diejenigen Mengen aufgefasst werden können, die zu einer Geldeinheit bewertet sind. Vgl. Schumann (1968), S. 20.

[105]Unter Prognose soll hier eine bedingte Prognose im Sinne von Stäglin (1980a), S. 50, verstanden werden.

vergleichen[106]. Hat man sogar RIO-Tabellen für mindestens zwei unterschiedliche Zeiträume, den gleichen Wirtschaftsraum und konformer konzeptioneller Ausgestaltung, so erlaubt sich ein intertemporaler Vergleich von Strukturen. Damit liessen sich Fragen nach der Strukturentwicklung eines Wirtschaftsraumes beantworten.

Neben der deskriptiven und der modellmäßigen Auswertung bieten (R)IO-Tabellen noch weiter reichende Nutzungsmöglichkeiten. Innerhalb der VGR dient eine IO-Tabelle zur Prüfung der Ergebnisse der Entstehungs- und Verwendungsrechnung der Sozialproduktsberechnung. Darüber hinaus ist sie Hilfsmittel zur Berechnung von volkswirtschaftlichen Aggregaten in konstanten Preisen[107]. Des weiteren kann eine (R)IO-Tabelle noch Basis für Satellitensysteme sein[108]. Bei Vorliegen einer (R)IO-Tabelle für einen bestimmten Zeitpunkt kann man auf kostenintensive, branchenspezifische Einzeluntersuchungen resp. statistische Einzelerhebungen verzichten, da man in einer (R)IO-Tabelle die gesamte datenbasierte Wirtschaftsstruktur eines Wirtschaftsraumes vorfinden kann.

Zusammenfassend betrachtet bieten (R)IO-Tabellen vielschichtige Informationen und ein breites Spektrum an Auswertungsmöglichkeiten. Ein Verzicht auf eine (R)IO-Tabelle würde den Verlust von ergänzenden und wichtigen Zusatzinformationen bedeuten. Deshalb ist eine (R)IO-Tabelle, auch ohne eine sich anschließende – deskriptive oder modellmäßige – IO-Analyse, als „...das Vorhandensein eines konsistenten Bezugsrasters in Form einer ... Input-Output-Verflechtung für die Beantwortung politisch relevanter Fragen ... von unschätzbarem Nutzen"[109]. (R)IO-Tabellen können somit vor allem ein unterstützendes Informationsinstrument für politische Entscheidungsträger sein.

Nutzer von (R)IO-Tabellen sind somit sowohl staatliche Stellen als auch politische Institutionen. In der Forschung verwenden (Wirtschafts-)Forschungsinstitute und universitäre Forschungsinstitute (R)IO-Tabellen. Darüber hinaus kommen Wirtschaftsverbände und Kammern als Nutzer in Frage. Auch private Unternehmen und Einzelpersonen können als Verwender in Betracht gezogen werden.

---

[106]Voraussetzungen hierfür sind zeitliche und konzeptionelle Konformität der zu vergleichenden (R)IO-Tabellen.
[107]Vgl. zu den beiden letztgenannten Nutzungsmöglichkeiten StaBa (2003), S. 11.
[108]Vgl. Stäglin (2003), S. 183.
[109]Vgl. Stäglin (1994), S. 10.

3 Methoden der Erstellung einer Input-Output-Tabelle für die Region Ostwestfalen-Lippe

Um eine RIO-Tabelle für OWL erstellen zu können, bedarf es der Auswahl einer adäquaten Methode. Das Spektrum der Erstellungsmethoden reicht dabei von der derivativen bis hin zur originären Methode. Diese Methoden unterscheiden sich einerseits durch das Ausmaß an originär erhobenen Daten zur Besetzung der Felderwerte der RIO-Tabelle und andererseits durch die zu Grunde gelegten Hypothesen zur Schätzung der Felderwerte[110]. Grundsätzlich können die Methoden klassifiziert werden in die modellmäßige und die (quasi-)originäre Methode[111]. Im Folgenden werden exemplarisch für obige Klassifizierung einige Methoden zur Erstellung einer RIO-Tabelle dargestellt, wobei das Ausmaß an originär erhobenen Daten sukzessive ansteigen kann.

3.1 Modellmäßige Methoden der Tabellenerstellung

3.1.1 Die derivative Methode

Ziel der derivativen Methode[112] ist die Erstellung einer RIO-Tabelle, wobei angenommen wird, dass gesamtwirtschaftliche Input-Koeffizienten hinreichend sind, um als regionalwirtschaftliche Input-Koeffizienten fungieren zu können. Prinzipiell können gesamtwirtschaftliche Input-Koeffizienten[113] dargestellt werden als

$$^A a_{ij}^N = {}^I a_{ij}^N + m_{ij}^N, \, i,j = 1, \ldots, N, \qquad (17)$$

wobei in dieser Gleichung (17) $^A a_{ij}^N$ definiert ist als Aufkommenskoeffizient, $^I a_{ij}^N$ einen inländischen Input-Koeffizienten und m_{ij}^N die Importneigung in einer Gesamtwirtschaft widerspiegelt[114]. Es soll im Folgenden davon ausgegangen werden, dass ein gesamtwirtschaftlicher inländischer Input-Koeffizient

---

[110]Vgl. Hübler (1979), S. 9.

[111]Eine andere Klassifizierung wäre die Gliederung der Methoden in nonsurvey-, semisurvey- und survey-Methode, so wie z. B. Hübler (1979) verwendet.

[112]Ein synonym verwendeter Begriff ist die naive Methode. Vgl. Hübler (1979), S. 10.

[113]Vgl. HolSchn (1994a), S. 31, und FleWe (1997), S. 800.

[114]Die hier und im weiteren Verlauf der Arbeit als Exponent dargestellten Großbuchstaben N bzw. R determinieren den betrachteten Wirtschaftsraum. N repräsentiert dabei die Gesamtwirtschaft, und R steht für die Regionalwirtschaft.

$^I a_{ij}^N = \frac{x_{ij}^N}{z_{.j}^N}$ als repräsentativ für einen regionalen Input-Koeffizienten $a_{ij}^R = \frac{x_{ij}^R}{z_{.j}^R}$ gelten kann[115].

Grundlegend für die Anwendung der derivativen Methode ist die Annahme, dass die betrachtete Regionalwirtschaft als Teil einer räumlich übergeordneten Gesamtwirtschaft ein verkleinertes Abbild derselben darstellt. Darauf aufbauend wird angenommen, dass die jeweiligen Wirtschaftsstrukturen kongruent zueinander sind und somit „...die durchschnittlichen, gesamtwirtschaftlichen Input-Strukturen als repräsentativ für die Input-Strukturen der entsprechenden regionalen Produktionssektoren angesehen werden"[116] können. Insbesondere wird unterstellt, dass in beiden Wirtschaftsräumen die gleiche Technologie verwendet wird[117].

Voraussetzung für die Anwendung der derivativen Methode ist folglich das Vorhandensein einer gesamtwirtschaftlichen IO-Tabelle[118,119]. Hat man die Inputstrukturen einer gesamtwirtschaftlichen IO-Tabelle ermittelt, so lassen sich diese Strukturen nachfolgend auf die betrachtete Regionalwirtschaft übertragen[120]: Durch Multiplikation der gesamtwirtschaftlichen inländischen Input-Koeffizienten $^I a_{ij}^N$ $(i, j = 1, \ldots, N)$[121], die nun als regionalwirtschaftliche Input-Koeffizienten $\hat{a}_{ij}^{R}$[122] angesehen werden, mit den sektoralen regio-

---

[115]x_{ij}^N ist definiert als Wert inländischer Lieferungen des Produktionssektors i an Produktionssektor j, $z_{.j}^N$ sei der gesamte Produktionswert des Produktionssektors j, allerdings ohne den Wert von Importen aus dem Ausland. x_{ij}^R ist definiert als der Wert der Lieferungen des regionalen Produktionssektors i an den regionalen Produktionssektor j, und schließlich repräsentiert $z_{.j}^R$ den gesamten Produktionswert des regionalen Produktionssektors j, hier ohne Importe aus dem Ausland und aus den übrigen Regionen der Gesamtwirtschaft. Resultieren soll somit eine regionale Verflechtungstabelle.

[116]Vgl. Stäglin (1990), S. 207.

[117]Auf weitere Implikationen der derivativen Methode weist Strassert (1968), S. 55-60 und S. 65-68 hin.

[118]Grundlage einer RIO-Tabelle könnte eine IO-Tabelle des Statistischen Bundesamtes sein. Vgl. StaBa (2003). Diese war in der Version mit dem Berichtsjahr 1988 auch Basis für die für Hamburg derivativ erstellte RIO-Tabelle. Vgl. Stäglin (1994), Abschnitt 1.3.2. Vgl. zudem noch Stäglin (1980b), S. 112 ff., für einen Überblick über gesamtwirtschaftliche IO-Tabellen in der Bundesrepublik Deutschland.

[119]Es ist allerdings auch möglich, eine IO-Tabelle einer Region zu verwenden, deren Wirtschaftsstruktur derjenigen der betrachteten Regionalwirtschaft ähnlich ist. Vgl. Hübler (1979), S. 9.

[120]Es wird im Folgenden angenommen, dass die sektorale Gliederung in der RIO-Tabelle derjenigen der gesamtwirtschaftlichen IO-Tabelle entspricht. Zudem wird angenommen, dass sich regionale und gesamtwirtschaftliche IO-Tabelle auf das selbe Berichtsjahr beziehen.

[121]Damit sind neben den Input-Koeffizienten des Quadranten I auch diejenigen des Quadranten III gemeint. Vgl. HolSchn (1994a), S. 31, bzw. Gleichung (10) auf Seite 25.

[122]Die Dächer (ˆ) auf den Koeffizienten und Variablen stellen hier und im weiteren Verlauf

nalen Gesamtproduktionswerten $z_{\cdot j}^R$ $(j = 1,\dots,\text{N})$[123] ergeben sich die absoluten Felderwerte $\hat{x}_{ij}^R$ des Quadranten I (und des Quadranten III[124]) der RIO-Tabelle. Die absoluten Felderwerte des Quadranten II der RIO-Tabelle – abgesehen von den Exporten – können durch Multiplikation der Elemente y_{ij}^N $(i,j = 1,\dots,\text{N})$, die in der gesamtwirtschaftlichen IO-Tabelle enthalten sind, mit dem Faktor $\frac{z_{\cdot\cdot}^R}{z_{\cdot\cdot}^N}$[125] ermittelt werden.

Die geschätzten Im- und Exporte[126] der einzelnen regionalen Produktionssektoren haben den Charakter von Residualgrößen, was durch folgende Gleichungen[127] (18) und (19) zur Bestimmung der entsprechenden Werte sichtbar wird[128]:

$$\hat{E}_i = \begin{cases} z_{i\cdot} - \hat{x}_{i\cdot} - \hat{y}_{i\cdot} & , \quad \text{falls} \;\; > 0 \\ 0 & , \quad \text{sonst.} \end{cases} \tag{18}$$

$$\hat{M}_j = \begin{cases} \hat{x}_{\cdot j} + \hat{p}_{\cdot j} - z_{\cdot j} & , \quad \text{falls} \;\; > 0 \\ 0 & , \quad \text{sonst.} \end{cases} \tag{19}$$

Dieses Vorgehen zur Erstellung einer RIO-Tabelle entspricht weitestgehend der ‚direkten Übertragung' Hüblers (1979). Hinsichtlich dieser Methode gilt es Kritikpunkte zu benennen[129]. Wenngleich z. B. angenommen wird, dass die Sektorenabgrenzung der regional- und gesamtwirtschaftlichen IO-Tabelle kongruent zueinander sind, so können sich dennoch Diskrepanzen

---

der Arbeit Schätzwerte dar.

[123]Hübler (1979), S. 10, geht davon aus, dass die sektoralen Produktionswerte $z_{\cdot j}^R$ originär ermittelt werden. Strassert (1968), S. 53 ff., schlägt Hochrechnungen bzw. Bestimmung der regionalen Anteile als Schätzmethoden für die sektoralen Produktionswerte in der Region vor. Vgl. auch Oberhofer (2001), S. 66, für ein mögliches Vorgehen bei diesem Schätzproblem.

[124]Die Ermittlung der Felderwerte des Quadranten III weicht von dem Vorgehen Hüblers ab, der davon ausgeht, dass diese Werte „...sich noch verhältnismäßig leicht aus den regionalen Gesamtrechnungen ermitteln" lassen. Vgl. Hübler (1979), S. 9. Strassert (1968), S. 52 f., wählt hingegen das hier dargestellte Verfahren.

[125]Mit $z_{\cdot\cdot}^R$ ist der gesamte Produktionswert aller regionalwirtschaftlichen Produktionssektoren und mit $z_{\cdot\cdot}^N$ ist der gesamte Produktionswert aller gesamtwirtschaftlichen Produktionssektorn gemeint.

[126]Hierbei handelt es sich um den Außenhandel der regionalen Produktionssektoren mit dem Ausland und mit den übrigen Regionen der Gesamtwirtschaft.

[127]$\hat{E}_i$ sind geschätzte Exporte des Produktionssektors i, $z_{i\cdot}$, $\hat{x}_{i\cdot}$ und $\hat{y}_{i\cdot}$ sind Produktionswert, der für die regionalen Produktionssektoren bestimmte intermediäre Output und der für die Endnachfrage bestimmte autonome Output des Produktionssektors i $(i = 1,\dots,\text{N})$. $\hat{M}_j$ sind hingegen geschätzte Importe des Produktionssektors j, $\hat{x}_{\cdot j}$, $\hat{p}_{\cdot j}$ und $z_{\cdot j}$ sind intermediäre Inputs und primäre Inputs des regionalen Produktionssektors j und der Produktionswert des Produktionssektors j $(j = 1,\dots,\text{N})$.

[128]Vgl. Hübler (1979), S. 10 f.

[129]Vgl. Richardson (1972), S. 112-115, und Hübler (1979), S. 13 f.

auftun bzgl. der Zusammensetzung insbesondere der Produktionssektoren (so genanntes ‚industry-mix problem'). Dieses Problem ließe sich teilweise umgehen, verwendete man Tabellen mit einem hohen Disaggregationsgrad. Hinsichtlich der Sektorenabgrenzung sei auch auf das Problem der Zusammensetzung der Produktpalette einzelner Produktionssektoren hingewiesen (so genanntes ‚product-mix problem'). Hierbei kann es – wiederum je nach Aggregationsgrad – zu unterschiedlicher Zusammensetzung der Produktpalette einzelner, gleich abgegrenzter Produktionssektoren kommen. Weithin besteht auch das Problem einer prinzipiell angenommenen gleichen Technologie, die in Gesamt- und Regionalwirtschaft Anwendung findet. Dies würde bedeuten, dass sowohl $^{I}a_{ij}^{N}$ als auch a_{ij}^{R} tendenziell eher technologischen Charakter haben, was allerdings für die regionalen Input-Koeffizienten kritisch betrachtet werden muss. Hätte a_{ij}^{R} tendenziell eher technologischen Charakter, so müsste a_{ij}^{R} nicht wie oben aufgeführt definiert sein, sondern als $a_{ij}^{R} = \frac{x_{ij}^{R}}{z_{\cdot j}^{R}}$ betrachtet werden, mit x_{ij}^{R} definiert als Wert der Lieferungen des Produktionssektors i, ansässig in Regional- und Gesamtwirtschaft, an Produktionssektor j, ansässig lediglich in der Region. Darüber hinaus müsste $z_{\cdot j}^{R}$ definiert sein als Gesamtproduktionswert des Produktionssektors j, inklusive Importen aus der Gesamtwirtschaft in die Region, allerdings ohne Importen aus dem Ausland in die Region. Deswegen führt die Anwendung der derivativen Methode unter der Annahme gleicher Technologien in Regional- und Gesamtwirtschaft hier nicht wie gewünscht zu einer regionalen Verflechtungstabelle, sondern zu einer Bundesverflechtungstabelle[130].

Um letztlich annähernd eine regionale Verflechtungstabelle zu erhalten, bedarf es einer Korrektur der gesamtwirtschaftlichen inländischen Input-Koeffizienten $^{I}a_{ij}^{N}$, die dann als regionale Input-Koeffizienten a_{ij}^{R} einer regionalen Verflechtungstabelle angesehen werden. Somit würde der Kritik einer Überschätzung von regionalen Input-Koeffizienten Rechnung getragen werden. Ein möglicher Ansatz zur Überwindung dieses Problems ist die Methode des Standortquotienten (LQ)[131].

Bei der hier betrachteten derivativen Methode handelt es sich um ein Verfahren, dass relativ kostengünstig und zügig (und somit auch zeitnah) zu einer RIO-Tabelle führen kann. Resümierend sei noch darauf hingewiesen,

---

[130]Verwendete man anstelle der inländischen Input-Koeffizienten Aufkommenskoeffizienten $^{A}a_{ij}^{N} = \hat{a}_{ij}^{R}$, so ergäbe sich eine RIO-Tabelle des Typs technologische Verflechtungstabelle. Vgl. HolSchn (1994a), S. 31, und Abschnitt 2.1.1. Aber auch bei Verwendung des gesamtwirtschaftlichen Aufkommenskoeffizienten ergäbe sich ähnlich geartete Kritik wie bei Verwendung gesamtwirtschaftlicher inländischer Input-Koeffizienten.

[131]Die Abkürzung LQ für Standortquotienten ist abgeleitet vom englischen Begriff ‚location quotient'.

dass „...nicht auf originäre Berechnungen zu Gunsten derivativer Berechnungsmethoden verzichtet werden kann."[132] Das hier gezeigte Vorgehen kann u. a. dazu dienen, die derivativ ermittelten Tabellenwerte mit den originär erhobenen Daten (oder mit anderen Tabellenerstellungsmethoden erhaltenen Daten) zu vergleichen, um letztlich auf die Güte der Methode und der mit ihr gewonnenen Informationen zu schließen.

---

[132]Vgl. Strassert (1968), S. 75.

3.1.2 Die Methode des Standortquotienten

Ausgehend von der Kritik – insbesondere der Überschätzung der regionalen Input-Koeffizienten a_{ij}^R bei Verwendung von gesamtwirtschaftlichen inländischen Input-Koeffizienten oder Aufkommenskoeffizienten – an der derivativen Methode, kann die Annahme der Kongruenz von Gesamt- und Regionalwirtschaft, d. h. vornehmlich der Kongruenz der jeweiligen Inputstrukturen mit $a_{ij}^N = a_{ij}^R$, nicht beibehalten werden[133]. Diesen Gegebenheiten versucht die LQ-Methode Rechnung zu tragen[134,135].

Die LQ-Methode erfordert die Berechnung eines LQ_i^R für jeden regionalen Produktionssektor i. Dieser Quotient gibt die relative Repräsentation eines Produktionssektors in einer Region in Relation zu der relativen Repräsentation desselben Sektors auf gesamtwirtschaftlicher Ebene an. Er ist definiert als[136]:

$$LQ_i^R := \frac{\frac{z_{i\cdot}^R}{z_{\cdot\cdot}^R}}{\frac{z_{i\cdot}^N}{z_{\cdot\cdot}^N}}, \; i = 1, \ldots, N. \tag{20}$$

$z_{i\cdot}^R$ und $z_{i\cdot}^N$ sind in Gleichung (20) definiert als Produktionswert des Produktionssektors i in der Regional- bzw. in der Gesamtwirtschaft. $z_{\cdot\cdot}^R$ und $z_{\cdot\cdot}^N$ sind in derselben Gleichung definiert als der gesamte Produktionswert aller Produktionssektoren der Regional- bzw. der Gesamtwirtschaft[137].

Falls nun dieser LQ_i^R für einen regionalen Produktionssektor i größer oder gleich eins ist, dann bedeutet dies eine im Vergleich zur Gesamtwirtschaft größere Konzentration des Sektors i in der Region als in der Gesamtwirtschaft. Demzufolge werden Auslandsimporte zur Deckung des regionalen Bedarfs der dort ansässigen Produktionssektoren nicht benötigt, und lediglich Exporte in das Ausland und in die übrigen Regionen der Gesamtwirtschaft

---

[133]Den in diesem Abschnitt getroffenen Aussagen liegt die Prämisse zu Grunde, dass es sich bei den gesamtwirtschaftlichen Input-Koeffizienten nun um Aufkommenskoeffizienten handelt.

[134]Vgl. Richardson (1972), S. 118-122, und MillerBlair (1985), S. 295-302, zu der LQ-Methode.

[135]Zeitliche und konzeptionelle Kongruenz von gesamt- und regionalwirtschaftlicher IO-Tabelle werden bei folgenden Betrachtungen vorausgesetzt. Sowohl das 'industry-mix problem' als auch das 'product-mix problem' werden hier nicht weiter berücksichtigt.

[136]Die dargestellte Definition bezieht sich auf den einfachen LQ ('simple location quotient'). Daneben existieren noch Abarten des LQ-Konzepts wie z. B. der 'purchases-only LQ'. Vgl. MillerBlair (1985), S. 299.

[137]Es können allerdings auch andere Größen wie z. B. Beschäftigungsgrößen oder Bruttowertschöpfungen zur Berechnung der LQ_i^R in Betracht gezogen werden. Für Beschäftigungsgrößen und Bruttowertschöpfungen findet sich im Anhang B eine exemplarische Darstellung von LQ für die Region OWL.

werden ggf. getätigt, die dann als Residuum ermittelt werden können. Resultieren würde letztlich ein regionaler Input-Koeffizient, der unverändert aus der gesamtwirtschaftlichen IO-Tabelle übernommen werden kann, d. h. $\hat{a}_{ij}^R = a_{ij}^N$. Wenn allerdings $LQ_i^R < 1$ gilt, dann bedeutet dies eine Unterversorgung regionaler Nachfrage nach intermediären Gütern des regionalen Produktionssektors i, so dass Importbedarf besteht, da der Sektor i in der Region weniger konzentriert ist als in der Gesamtwirtschaft und davon ausgegangen wird, dass der regionale intermediäre Output des Produktionssektors i die regionale Nachfrage nach seinen Gütern nicht decken kann. Eine Übernahme gesamtwirtschaftlicher Input-Koeffizienten in die regionalwirtschaftliche Tabelle würde bedeuten, dass regionale Input-Koeffizienten überschätzt werden würden. In diesem Fall bedarf es folglich einer zeilenweisen Korrektur der gesamtwirtschaftlichen Input-Koeffizienten des Produktionssektors i in der Form $\hat{a}_{ij}^R = a_{ij}^N LQ_i^R$. Diese Multiplikation führt zu einer Reduktion des Input-Koeffizienten a_{ij}^N, da LQ_i^R für diesen Fall gerade kleiner als eins ist. Zusammenfassend kann die Berechnung der regionalen Input-Koeffizienten dargestellt werden als[138]:

$$\hat{a}_{ij}^R = \begin{cases} a_{ij}^N & , \quad \text{falls} \quad LQ_i^R \geq 1 \\ a_{ij}^N LQ_i^R & , \quad \text{falls} \quad LQ_i^R < 1. \end{cases} \tag{21}$$

Kritisch muss bei der hier dargestellten LQ-Methode die starre Orientierung an liefernden Produktionssektoren betrachtet werden, da ggf. lediglich Zeilenkorrekturen vorgenommen werden. D. h. insbesondere, dass empfangende Produktionssektoren bei Generierung alternativer regionalwirtschaftlicher Input-Koeffizienten nicht berücksichtigt werden, was durch Verwendung des ‚Cross-Industry Standortquotienten' (CIQ)[139] behoben werden soll[140].

Neben der Methode des einfachen LQ gibt es folglich noch die Methode des CIQ. Sie unterscheidet sich von der erstgenannten insbesondere durch eine abweichende Definition des Quotienten und durch die Möglichkeit einer felderweisen Korrektur gesamtwirtschaftlicher Input-Koeffizienten a_{ij}^N, um letztlich regionalwirtschaftliche Input-Koeffizienten a_{ij}^R zu erhalten.

Die Anwendung der CIQ-Methode erfolgt in einem ersten Schritt über die Berechnung eines CIQ_{ij}^R für jedes Tabellenfeld des Quadranten I ($i, j = 1, \ldots, N$[141]). Der CIQ spiegelt die relative Repräsentation eines regionalwirt-

---

[138]Aus dieser Gleichung (21) wird ersichtlich, dass der regionalwirtschaftliche Input-Koeffizient $\hat{a}_{ij}^R$ nicht größer werden kann als a_{ij}^N.

[139]Vgl. Richardson (1972), S. 121 f., und MillerBlair (1985), S. 299 f.

[140]An dieser Stelle sei noch angemerkt, dass das Konzept des LQ auch auf den Quadranten II übertragen werden kann. Vgl. MillerBlair (1985), S. 298.

[141]Wie aus der nachfolgenden Definition des CIQ_{ij}^R in Gleichung (22) ersichtlich wird, gilt für $i = j$ gerade $CIQ_{ij}^R = 1$, eine unrealistische Annahme, da sie davon ausgeht, dass ein

schaftlichen Produktionssektors i im Verhältnis zur relativen Repräsentation eines regionalwirtschaftlichen Produktionssektors j wider. Maßstab für die relative Repräsentation eines Produktionssektors i ist hierbei der Anteil des regionalwirtschaftlichen Produktionswerts z_i^R in Relation zum gesamtwirtschaftlichen Produktionswert z_i^{N},[142]:

$$CIQ_{ij}^R := \frac{\frac{z_i^R}{z_i^N}}{\frac{z_j^R}{z_j^N}}, \ i, j = 1, \ldots, N. \tag{22}$$

Falls $CIQ_{ij}^R \geq 1$, dann kann a_{ij}^N wie bei der LQ-Methode aus der gesamtwirtschaftlichen IO-Tabelle übernommen werden und als Schätzung für a_{ij}^R dienen. Wenn allerdings $CIQ_{ij}^R < 1$, dann bedarf es einer felderweisen Korrektur der entsprechenden gesamtwirtschaftlichen Input-Koeffizienten gemäß:

$$\hat{a}_{ij}^R = \begin{cases} a_{ij}^N & , \quad \text{falls} \quad CIQ_{ij}^R \geq 1 \\ a_{ij}^N CIQ_{ij}^R & , \quad \text{falls} \quad CIQ_{ij}^R < 1. \end{cases} \tag{23}$$

Bei unveränderter Übernahme gesamtwirtschaftlicher Input-Koeffizienten wird argumentiert[143], dass ein Produktionssektor i in der Lage sei, die gesamte regionale Nachfrage von Produktionssektor j zu befriedigen. Für Sektor j bedürfte es also keinerlei Importe hinsichtlich intermediären Inputs von Gütern des Produktionssektors i. Für den Fall $CIQ_{ij}^R < 1$ sei dementsprechend Importbedarf gegeben, so dass gesamtwirtschaftliche Input-Koeffizienten schließlich reduziert werden müssten[144].

Zwar wird das Hauptdefizit der LQ-Methode – die Nichtberücksichtigung empfangender Produktionssektoren – bei Verwendung der CIQ-Methode ausgeglichen, allerdings muss hier trotzdem der Verlust der Beachtung der relativen Bedeutung der Regionalwirtschaft im Vergleich zur Gesamtwirtschaft kritisch betrachtet werden. Diese Lücke soll durch den ‚Flegg'schen Standortquotienten' (FLQ)[145] geschlossen werden.

Die FLQ-Methode unterscheidet sich sowohl von der LQ- als auch von der CIQ-Methode. Bei einem Vergleich von FLQ- und LQ-Methode kommt insbesondere zum Vorschein, dass erstere auch empfangende Produktionssektoren

---

regionaler Produktionssektor i generell seine eigene Nachfrage decken kann, ohne hierfür importieren zu müssen.

[142] Auch wie bei der LQ-Methode können andere Größen zur Berechnung des CIQ_{ij}^R herangezogen werden. Vgl. Fußnote 137 und auch Anhang B. Dort findet sich eine exemplarische Darstellung von CIQ für die Region OWL.

[143] Vgl. Hübler (1979), S. 23 f.

[144] Auch wie im Fall der LQ-Methode wird bei der CIQ-Methode ersichtlich, dass der regionalwirtschaftliche Input-Koeffizient $\hat{a}_{ij}^R$ nicht größer werden kann als a_{ij}^N.

[145] Vgl. FleWe (1997).

berücksichtigt. In Bezug auf die CIQ-Methode unterscheidet sich die FLQ-Methode vor allem durch die Berücksichtigung der relativen Bedeutung der Regionalwirtschaft im Verhältnis zur Gesamtwirtschaft. Dies wird besonders deutlich bei Betrachtung der Definition des FLQ_{ij}^R $(i, j = 1, \ldots, N)$[146]:

$$FLQ_{ij}^R := CIQ_{ij}^R \lambda^\star, \quad \text{mit} \quad \lambda^\star = [\log_2(1 + \frac{TRE}{TNE})]^\delta, \qquad (24)$$
$$\text{wobei} \quad 0 \leq \delta < 1, \ i, j = 1, \ldots, N.$$

Basierend auf Gleichung (24)[147] wird deutlich, dass dem FLQ_{ij}^R drei Einflussfaktoren inhärent sind, nämlich die relative Bedeutung von liefernder und empfangender Produktionssektoren und die relative Bedeutung der Regionalwirtschaft. $\lambda^\star$ wird als so genannter ‚regionaler Skalar' bezeichnet, was durch die Einflussnahme des Quotienten $\frac{TRE}{TNE}$ erklärbar ist. Dieser Quotient spiegelt die Gesamtzahl der Beschäftigten in der Region (TRE) im Verhältnis zur Gesamtzahl der Beschäftigten in der Gesamtwirtschaft (TNE) wider[148].

---

[146]Vgl. FleWe (1997), S. 798 f.

[147]$\lambda^\star$ kann auch geschrieben werden als $\lambda^\star = [3, 32193 \log_{10}(1 + \frac{TRE}{TNE})]^\delta$. Auf Grundlage empirischer Untersuchungen wird ein Wert von $\delta = 0, 3$ vorgeschlagen. Vgl. FleWe (1997), S. 798. Die Bestimmung des δ sei allerdings im Hinblick auf die Anwendung der FLQ-Methode ein Hindernis. Vgl. FleWe (1997), S. 803.

[148]Aus FleWe (1997) wird nicht ersichtlich, wie mit FLQ_{ij}^R im Hinblick auf Veränderungen gesamtwirtschaftlicher Input-Koeffizienten umgegangen werden soll.

3.1.3 Biproportionale Methoden

Zu den biproportionalen Methoden[149] der Erstellung einer IO-Tabelle gehören das RAS- und das MODOP-Verfahren[150]. Im Zusammenhang mit der IO-Rechnung dient das RAS-Verfahren in erster Linie zur zeitlichen und somit aktualisierenden Fortschreibung einer IO-Tabelle[151]. Darüber hinaus kann das RAS-Verfahren auch dazu verwendet werden, eine RIO-Tabelle auf Basis einer gesamtwirtschaftlichen IO-Tabelle bzw. Input-Koeffizientenmatrix zu erstellen[152,153].

Ferner kann das RAS-Verfahren auf Absolutwerte des Quadranten I oder Input-Koeffizienten desselben Quadranten angewendet werden[154]. Um letztlich zu einer Matrix $\hat{X}^R$ der intermediären Vorleistungsverflechtungen einer IO-Tabelle der Region R (mit Absolutwerten) zu gelangen, kann folgender Weg beschritten werden (vgl. Abbildung 10 auf Seite 40): Nach Bestimmung einer Input-Koeffizientenmatrix $\hat{A}^R$ für die Region R über eine gesamtwirtschaftliche Input-Koeffizientenmatrix A^N mittels des RAS-Verfahrens[155],

---

[149]Die Bezeichnung der Methoden als biproportional ist bedingt durch die algebraische Definition der Biproportionalität. Zwei nichtnegative Matrizen $\hat{A}$ und A mit der Ordnung N×M (wobei auch N = M gelten kann) sind demnach biproportional, wenn es von Null verschiedene, reelle Zahlen $r_1, \ldots, r_n$ und $s_1, \ldots, s_m$ gibt, so dass $\hat{a}_{ij} = r_i a_{ij} s_j$ für $i = 1, \ldots, n$ und $j = 1, \ldots, m$. Vgl. Friedmann (1978), S. 152.

[150]MODOP ist das Akronym für ‚Modell der doppelten Proportionalität‘. Dieses Verfahren soll hier allerdings nicht näher betrachtet werden, da „...sowohl das MODOP-Verfahren als auch das RAS-Verfahren ... zu ein und derselben Lösung führen". Vgl. Helmstädter (1983), S. 20. Vgl. Schintke (1973) oder Stäglin (1972) für eine eingehende Diskussion des MODOP-Verfahrens.

[151]Da bisher keine IO-Tabelle für die Region OWL existiert, schließt sich diese Vorgehensweise zur Erstellung einer (zeitnahen) RIO-Tabelle per se aus.

[152]Vgl. MillerBlair (1985), S. 302 f. Vgl. zudem Isard (1998), S. 117 f., der in Fußnote 56 darauf hinweist, dass mit dem RAS-Verfahren auch die Erstellung einer zeitnahen regionalen Tabelle auf Basis einer zeitfernen gesamtwirtschaftlichen Tabelle möglich sei.

[153]In der vorliegenden Arbeit ist lediglich der letztgenannte Verwendungszweck des RAS-Verfahrens von Interesse und wird hier somit auch thematisiert.

[154]Aus Gründen der Übersichtlichkeit und auch aufgrund Interpretationsschwierigkeiten von wirtschaftlichen Effekten bei Anwendung des RAS-Verfahrens auf die gesamte IO-Tabelle (vgl. Giarratani (1975), S. 373) wird in der vorliegenden Arbeit lediglich der erste Quadrant einer (R)IO-Tabelle betrachtet. Überdies sei es auch möglich, das RAS-Verfahren auf die Matrix der primären Input-Koeffizienten (Input-Koeffizienten des Quadranten III), der Endnachfrage-Koeffizienten (Koeffizienten des Quadranten II) oder sogar auf die gesamte IO-Tabelle anzuwenden. Vgl. Siegler (1983), S. 176 f. Hübler (1979), S. 51 ff., schlägt vor, das RAS-Verfahren anstatt auf die gesamte IO-Tabelle auf homogene Untermatrizen - also in erster Linie auf die einzelnen Quadranten - anzuwenden.

[155]Vgl. MillerBlair (1985), S. 302 f., die noch darauf hinweisen, dass im Zusammenhang mit der Erstellung des Quadranten I einer RIO-Tabelle auch eine Input-Koeffizientenmatrix $A^{R'}$ einer anderen Region R' verwendet werden könne, die der be-

kann man letztlich zu einer Matrix der intermediären Vorleistungsverflechtungen $\hat{X}^R$ (Quadrant I) mit Absolutwerten über Multiplikation der Matrix $\hat{A}^R$ mit den entsprechenden Spaltensummen der Produktionswerte gelangen[156].

Abbildung 10: Schema der Herleitung des Quadranten I einer RIO-Tabelle mit dem RAS-Verfahren

Bei Anwendung des RAS-Verfahrens zur aktualisierenden Fortschreibung einer IO-Tabelle werden die Faktoren r_i als Substitutionseffekt ($i = 1,\ldots,$n) und s_j als Fabrikationseffekt ($j = 1,\ldots,$m) ökonomisch interpretiert[157]. „Eine Übernahme der ökonomischen Interpretation für die beiden Korrekturfaktoren aus dem ursprünglichen RAS-Verfahren ist hier [bei der Generierung der Matrix $\hat{X}^R$, Anm. d. Verf.] nur bedingt möglich."[158] Grundsätzlich sollten Analyseergebnisse mit „...solcherart erstellten Tabellen ... mit großer Vorsicht"[159] behandelt werden.

Die Vorzüge des RAS-Verfahrens liegen vor allem in der praktikablen Handhabung, da es sich um ein mathematisches Verfahren handelt, das mechanischen Charakter aufweist. Zudem ergeben sich bei den Elementen der Matrix $\hat{A}^R$ (bzw. nachfolgend bei der Matrix $\hat{X}^R$) wünschenswerte Eigenschaften wie $\hat{a}_{ij}^R > 0$ (bzw. $\hat{x}_{ij}^R > 0$) mit Ausnahme der Beibehaltung von Nullelementen der Matrix A^N nach Anwendung des RAS-Verfahrens bei der neu generierten Matrix $\hat{A}^R$ (bzw. $\hat{X}^R$, jeweils $i = 1,\ldots,$n und $j = 1,\ldots,$m)[160], d. h. kein positives Element wird zu null.

---

trachteten Region wirtschaftlich ähnlich sei.

[156]Vgl. den mathematischen Anhang (Anhang A.2) zum formalen Vorgehen bei der Herleitung der Matrix $\hat{X}^R$.

[157]Vgl. zur ökonomischen Interpretation der beiden Faktoren Helmstädter (1983), S. 27 f., MillerBlair (1985), S. 289 ff., aber auch HolSchn (1994a), S. 43 ff., für eine kritische Betrachtung dieser Interpretation.

[158]Vgl. Hübler (1979), S. 41 f., der daraufhin davon ausgeht, dass die Korrekturfaktoren zum Teil technologisch und zum Teil aufgrund abweichender Standortbedingungen zwischen der Region und der Gesamtwirtschaft erklärt werden müssten.

[159]Vgl. HolSchn (1994a), S. 45. HolTapp (1987), S. 244, gehen sogar davon aus, dass durch die Anwendung biproportionaler Verfahren „...eine ganz eigenständige Tabelle entsteht, die ein reines Kunstprodukt und daher nicht interpretierbar ist."

[160]Vgl. Siegler (1983), S. 178, und MillerBlair (1985), S. 290 f.

3.1.4 Die ENTROP-Methode

Hinsichtlich der (R)IO-Rechnung kann die ENTROP-Methode, d. h. insbesondere sowohl die Maximierung der absoluten als auch die Minimierung der relativen Entropie, drei Verwendungszwecke erfüllen:

- Erstens kann bei Maximierung der absoluten Entropie[161] eine (R)IO-Tabelle lediglich unter Benutzung von Nebenbedingungen wie in erster Linie den Randsummen der (R)IO-Tabelle (d. h. $z_i.$, $i = 1,\ldots,$N) geschätzt werden[162]. Diese Vorgehensweise ist also sowohl für gesamt- als auch für regionalwirtschaftliche IO-Tabellen durchführbar. Im Hinblick auf eine RIO-Tabelle ist der Typ der regionalen IO-Tabelle[163] abhängig vom verwendeten Datenmaterial.

- Zudem kann die Methode zur aktualisierenden Fortschreibung einer (R)IO-Tabelle verwendet werden. Hierfür wird auf eine Minimierung der relativen Entropie zurückgegriffen[164,165].

- Schließlich ist eine Anwendung der ENTROP-Methode im Zusammenhang mit der Generierung einer RIO-Tabelle möglich, wobei Voraussetzung hierfür die Existenz einer gesamtwirtschaftlichen IO-Tabelle ist[166]. Das Vorgehen zur Erstellung einer RIO-Tabelle verläuft in diesem Fall ganz ähnlich derjenigen Methode, die unter dem vorherigen Punkt genannt wurde, lediglich mit dem Unterschied, dass bei der Minimierung der relativen Entropie anstelle von gesamtwirtschaftlichen nun regionalwirtschaftliche Daten während des Generierungsprozesses verwendet werden.

Die ENTROP-Methode kann grundsätzlich sowohl auf Absolutwerte als auch auf Input-Koeffizienten angewendet werden[167]. Darüber hinaus kann

---

[161]Vgl. den mathematischen Anhang (Anhang A.3.1) zum formalen Vorgehen bzgl. der Maximierung der absoluten Entropie.

[162]Vgl. GoJuRo (1994), S. 542 ff., und GoJuMi (1996), Abschnitt 4.3.

[163]Vgl. Abschnitt 2.1.1 zu den verschiedenen Typen regionaler IO-Tabellen.

[164]Vgl. den mathematischen Anhang (Anhang A.3.2) zum formalen Vorgehen bzgl. der Minimierung der relativen Entropie.

[165]Da bisher keine IO-Tabelle für die Region OWL erstellt wurde, schließt sich diese Vorgehensweise zur Generierung einer (zeitnahen) RIO-Tabelle per se aus.

[166]Vgl. Berwert (2000), der mit dieser Methode zwei RIO-Tabellen (nach Art einer Bundesverflechtungstabelle und einer regionalen Verflechtungstabelle) für den schweizerischen Kanton Obwalden erstellt hat, und vgl. auch HeGaCa (2002), die acht Matrizen der intermediären Vorleistungsverflechtungen für die dortigen Distrikte der spanischen Region Asturien mit einer IO-Tabelle eben dieser Region erstellt haben.

[167]Vgl. BlienGraef (1991), S. 409.

die Methode neben der Anwendung auf die gesamte (R)IO-Tabelle auch lediglich für die Matrix der intermediären Vorleistungsverflechtungen benutzt werden[168].

Zu den Vorzügen der ENTROP-Methode – insbesondere der Minimierung der relativen Entropie – gehören die Eigenschaften der resultierenden Matrix: Nullelemente der Basismatrix bleiben bei der neu generierten Matrix erhalten, genau so wie die Nichtnegativität der Einträge innerhalb der resultierenden Matrix, wenn die Bezugsmatrix ebenfalls positive Elemente aufweist[169]. Zudem können Vorgaben bei der Generierung einer RIO-Tabelle berücksichtigt werden, die „...beliebige Teilgruppen von Tabellenzellen betreffen und sich in Form von linearen Gleichungen oder Ungleichungen formulieren lassen." [170]

---

[168]Vgl. Berwert (2000), S. 17.
[169]Vgl. BlienGraef (1991), S. 406.
[170]Vgl. BlienGraef (1991), S. 399 f.

3.2 Die (quasi-)originäre Methode der Tabellenerstellung

Die (quasi-)originäre Methode zur Erstellung einer (R)IO-Tabelle umfasst sowohl die originäre als auch die quasi-originäre Methode. Unter originärer Methode soll die Erstellung einer (R)IO-Tabelle ausschließlich unter Verwendung primärstatistischen Materials verstanden werden, wobei dieses Datenmaterial aus einer eigens durchzuführenden Befragung gewonnen wird. Die quasi-originäre Methode hingegen impliziert die Verwendung von alleinig sekundärstatistischem Material, das hauptsächlich von statistischen Ämtern (z. B. Landesamt für Datenverarbeitung und Statistik Nordrhein-Westfalen, Statistisches Bundesamt Deutschland (StaBa), Statistisches Amt der Europäischen Gemeinschaften) erhoben wird, umfasst allerdings auch Datenmaterial halbamtlicher Institutionen wie z. B. Industrie- und Handelskammern (IHK), Handwerkskammern und Hochschulen. Die gemeinsame Verwendung von primär- und sekundärstatistischem Material zur Generierung einer RIO-Tabelle soll im Folgenden unter besonderer Berücksichtigung einer Befragungsaktion in OWL näher beleuchtet werden.

Voraussetzung für die Durchführung einer Befragungsaktion ist die vorläufig abgeschlossene Konzeption einer RIO-Tabelle[171]. Darauffolgend bedarf es eines Entwurfs eines der Tabellenkonzeption adäquaten Fragebogens[172], der an die Erhebungseinheiten weitergeleitet und von diesen ausgefüllt werden soll.

Der Fragebogen kann einerseits nach der Input- oder nach der Outputmethode konzipiert werden[173]. Die Inputmethode impliziert dabei die Informationsgewinnung über die Kostenstruktur der Erhebungseinheiten, d. h. sie beinhaltet eine spaltenweise Betrachtung bzw. Felderbesetzung einer RIO-Tabelle. Die Outputmethode indessen fokussiert die Absatzseite der Erhebungseinheiten, d. h. es wird versucht, die Tabelle zeilenweise mit Datenmaterial zu füllen. Idealerweise werden bei einer Befragungsaktion beide Methoden verwendet, um u. a. Konsistenzüberprüfungen z. B. über die Gleichung (8) auf Seite 9 vornehmen zu können. Ist die beiderseitige Informationsgewinnung ausgeschlossen, so wird die Inputmethode präferiert[174], insbesondere im Hinblick auf ergänzende Kostenstrukturerhebungen (KSE) und Material- und Wareneingangserhebungen (MWE) des StaBa[175]. Anzumerken ist noch,

---

[171]Die Konzeption ist vorläufig, da sich je nach vorhandenem Datenmaterial eine anderweitige Konzeption ergeben kann.

[172]Vgl. Anhang C für eine grobe erste Annäherung an einen Fragebogen.

[173]Vgl. HolSchn (1994b), Abschnitt 7.4.2, und auch IsardLangf (1971), Abschnitt 5.5.

[174]So z. B. auch in Stäglin (1994), Abschnitt 1.3.1.

[175]Vgl. Kraßning (2001), S. 87 f.

dass bei ausschließlicher Verwendung entweder der Input- oder der Output-methode übrigbleibende Felderwerte des Quadranten II bzw. III mittels der VGR der Länder gewonnen werden müssten.

Aus konzeptionell-theoretischer Perspektive können Erhebungseinheiten Unternehmen, örtliche Einheiten (Betriebe, Arbeitsstätten), fachliche Unternehmensteile oder fachliche Betriebsteile sein[176]. Hier sollen lediglich Unternehmen und Betriebe fokussiert werden. Letztere seien als Erhebungs- und Darstellungseinheiten für IO-Zwecke besonders gut geeignet[177], allerdings stehen diesem Vorzug Nachteile gegenüber. Da es sich bei einer Befragung für IO-Zwecke um einen komplexen Sachverhalt handelt, sind Unternehmen mit eigenem Rechnungswesen prinzipiell besser geeignet, Fragebögen zu bearbeiten und somit zu einer höheren Rücklaufquote beizutragen. Zudem haben Unternehmen Erfahrung mit den jährlichen KSE und den alle vier Jahre stattfindenden MWE, was mitunter zu einer relativ geringen Belastung der Erhebungseinheiten führt und ebenfalls zu einer hohen Rücklaufquote beiträgt.

Es stellt sich zudem die Frage, ob grundsätzlich alle Erhebungseinheiten oder nur eine Stichprobe bei einer Befragungsaktion berücksichtigt werden sollte[178]. Bei einer Berücksichtigung aller Erhebungseinheiten wäre bei entsprechender Rücklaufquote die Datenbasis voraussichtlich außerordentlich. Diesem Vorgehen steht allerdings entgegen, dass dann relativ hohe Kosten entstünden, insbesondere vor dem Hintergrund, dass in OWL voraussichtlich über 60000 Unternehmen bzw. über 70000 Betriebe (Arbeisstätten) einer Befragung unterzogen werden müssten (vgl. Tabelle 3 auf Seite 45)[179].

Berücksichtigt man dagegen eine Stichprobe zur Erlangung der gewünschten Informationen, so stellt sich nachfolgend die Frage der Repräsentativität[180] der Stichprobe für einen Produktionssektor[181]. Denkbar ist in diesem Zusammenhang die Bestimmung von Kriterien, die Grenzen für eine ‚Repräsentativität' festlegen wie z. B. prozentuale Anteile von Beschäftigten oder Unternehmen oder gar eine Mindestanzahl an befragten Unternehmen eines Produktionssektors. Eine darauffolgende Hochrechnung der Stichprobe wäre dann z. B. möglich über Beschäftigungs- oder Umsatzquoten[182].

---

[176]Vgl. Abschnitt 2.1.2.

[177]Vgl. Stäglin (1994), S. 23 und S. 57.

[178]Vgl. IsardLangf (1971), Abschnitt 5.1.

[179]Auch wenn die Daten mittlerweile nicht mehr aktuell sind, so läßt sich dennoch in erster Annäherung das Ausmaß einer Befragungsaktion erkennen.

[180]Vgl. IsardLangf (1971), Abschnitt 5.2.

[181]Lehbert (1967), S. 77, hat bei der ergänzenden Erhebung zur Erstellung einer RIO-Tabelle beispielsweise ein bis zwei Befragungen pro Wirtschaftzweig durchgeführt.

[182]Vgl. Reichelt (1995), Abschnitt 3.2.3.2.3. Vgl. auch Brandner (1977), Abschnitte 2.3 und 2.4, zur Erstellung eines Stichprobenplans und zur Hochrechnung der mit einer Stich-

WZ 79[a]	Unternehmen[b]	Betriebe (Arbeitsstätten)[c]
0 Land- & Forstw., Fischerei	1351	1378
1 Energie- & Wasservers., Bergbau	70	148
2 Verarbeitendes Gewerbe	11380	12102
3 Baugewerbe	6016	6114
4 Handel	19023	22572
5 Verkehr u. Nachrichtenüberm.	2038	3147
6 Kreditinst. u. Versicherungsgew.	2341	3550
7 Dienstleistungen, soweit von Untern. u. Freien Berufen erbracht	21799	23549
insgesamt	64018	72560

Quelle: SondVZ (1990a) und SondVZ (1990b)

[a]WZ 79: Systematik der Wirtschaftszweige (Ausgabe 1979), modifiziert für die Arbeitsstättenzählung 1987.

[b]Unternehmen sind die kleinste rechtlich selbständige Einheit, die Bücher führen oder ähnliche Aufzeichnungen machen muss.

[c]Betriebe (Arbeitsstätten) sind örtliche Einheiten, in denen eine oder mehrere Personen unter einheitlicher Leitung haupt- oder nebenberuflich regelmäßig erwerbstätig sind. Die Zuordnung dieser Erhebungseinheiten erfolgt nach dem wirtschaftlichen Schwerpunkt der jeweiligen Einheit, hier also nach dem Arbeitsstättenkonzept.

Tabelle 3: Anzahl von Unternehmen und Betrieben (Arbeisstätten) in OWL (1987)

Der Fragebogen kann auf vielerlei Arten konzipiert werden[183]. Prinzipiell gilt, dass je weniger sekundärstatistisches Material verwendet wird, desto umfangreicher sollte er gestaltet werden in dem Sinne, dass umso mehr Informationen mit ihm gewonnen werden sollen. Es erscheint in diesem Zusammenhang sinnvoll, die Belastung der Erhebungseinheiten mit dem Fragebogen klein zu halten, um so auch die Akzeptanz einer Umfrage und somit auch eine hohe Rücklaufquote zu gewährleisten. Die Akzeptanz könnte ebenfalls durch einen ‚einfach' gestalteten Fragebogen herbeigeführt werden, wobei z. B. auf ähnliche Fragebogenstrukturen wie etwa bei der KSE[184] oder der MWE[185] zurückgegriffen werden könnte. Auch der Hinweis auf vertrauliche

probe gewonnenen Erbebnisse bei der Kostenstrukturerhebung im Produzierenden Gewerbe.

[183]Vgl. für Beispiele Stäglin (1994), Übersicht A 3, Lehbert (1967), S. 78 f., und Reichelt (1995), S. 195-198.

[184]Vgl. StaBa (2002), S. 314-325, für einen Fragebogen der KSE im Jahr 2002.

[185]Vgl. StaBa (1996), S. 149-160, für einen Fragebogen der MWE im Jahr 1994.

Handhabung der Ergebnisse im Rahmen gesetzlicher Geheimhaltungspflichten als Zeichen der Seriösität kann zu einer Akzeptanzsteigerung führen.

Zu Testzwecken des konzipierten Fragebogens sollte eine Teilerhebung vor der eigentlichen Umfrage durchgeführt werden, um so Ungereimtheiten, Unverständliches oder Fehler auszumergeln und darauffolgend ggf. Ergänzungen vornehmen zu können. Des weiteren könnten für unterschiedliche Produktionssektoren verschiedenartige Fragebögen konzipiert werden[186]. Die Befragung selbst kann schriftlich bzw. postalisch, (fern-)mündlich per Interview oder via E-Mail erfolgen. Die zu erwartende Rücklaufquote ist schwer einzuschätzen. Reichelt (1995), S. 75, erreichte durch seine Befragungsaktion eine Quote von 67%. Stäglin (2001), S. 52 ff., konnte im Dienstleistungsbereich eine Quote von 12% (mit 359 Antwortbögen) und im Verarbeitenden Gewerbe eine Quote von durchschnittlich 36,6% (mit 205 Antwortbögen) erreichen. Aufschluß über eine Rücklaufquote in OWL könnte die von der IHK Ostwestfalen zu Bielefeld in Auftrag gegebene Studie zur „Standortzufriedenheit in Ostwestfalen" geben, bei der es eine Quote von 40% bei 25000 befragten Unternehmen aus Ostwestfalen gab[187].

---

[186]Selbst innerhalb des Verarbeitenden Gewerbes kann sich z. B. die Inputstruktur von verschiedenen Produktionssektoren unterscheiden. Vgl. Kraßning (2001), Anhangtabelle.

[187]Vgl. IHKSOZ (2003), Abschnitt 1.

4 Fazit und Ausblick

In der hier vorliegenden Arbeit wurde gezeigt, wie eine RIO-Tabelle konzeptionell gestaltet werden kann, welche Nutzungspotentiale ihr inhärent sind und auf welche Arten sie erstellt werden kann.

In Abschnitt 2.1 hat sich herauskristallisiert, dass die konzeptionellen Möglichkeiten der Ausgestaltung einer RIO-Tabelle vielfältig sind. Betrachtet man, ohne hier auf weitere Ausgestaltungsdeterminanten einzugehen, die drei möglichen Typen regionaler IO-Tabellen in Verbindung mit der Determinante Auswahl des Prinzips der Sektorenbildung, so ergeben sich sechs unterschiedliche Konzeptionen von RIO-Tabellen.

Unbestreitbar ist der in Abschnitt 2.2 aufgezeigte Nutzen von RIO-Tabellen, der insbesondere durch die mannigfaltigen – deskriptiven oder modellmäßigen – Auswertungsmöglichkeiten nachgewiesen wurde, dies allerdings bloß eingeschränkt im Hinblick auf die IO-Analyse.

Hinsichtlich modellmäßiger Erstellungsmethoden, die in Abschnitt 3.1 dargestellt sind, hat sich gezeigt, dass eine Vielzahl von Instrumenten vorhanden und anwendbar ist, um eine RIO-Tabelle erstellen zu können. Diese Methoden müssen allerdings stets vor dem Hintergrund ihrer Annahmen gesehen werden, die zum Teil kritisch betrachtet werden müssen und bei einer Auswertung von mit modellmäßigen Methoden erstellten RIO-Tabellen mit in das Analyseergebnis einbezogen werden sollten.

Die in Abschnitt 3.2 aufgezeigten Möglichkeiten der (quasi-)originären Erstellung einer RIO-Tabelle sollten fortwährend unter Berücksichtigung des bei Umsetzung dieser Methode anfallenden Ressourcenverbrauchs beurteilt werden. Grundsätzlich kann festgehalten werden, dass diese Methode, wie auch die modellmäßigen Methoden, anwendbar ist und somit zu einer RIO-Tabelle für OWL führen kann. Somit ist in dieser Arbeit in einer ersten Annäherung ein initiales Leitprogramm zur Erstellung einer RIO-Tabelle für OWL skizziert worden.

Nachfolgend bedarf es der Festlegung der Ziele, die mit einer RIO-Tabelle verfolgt werden sollen, um darauf aufbauend eine adäquate Tabelle konzipieren zu können. Die Zielformulierung sollte vor allem von den (potentiellen) Nutzern vorgenommen werden.

Es ist folglich die Festlegung auf einen zweckmäßigen Typ einer regionalen IO-Tabelle für OWL erforderlich. Da die Region OWL mit ihrer Wirtschaftsstruktur im Mittelpunkt der Betrachtungen steht, bietet sich hierfür insbesondere eine regionale Verflechtungstabelle an, in der den Außenhandel betreffend vornehmlich zwischen der Region selbst, dem übrigen Gebiet der Bundesrepublik Deutschland und der restlichen Welt unterschieden werden sollte.

Anschließend ist es notwendig, diejenigen Produktionssektoren auszu-
wählen, die in einer RIO-Tabelle für OWL berücksichtigt werden sollen.
Hierzu bedarf es noch weiterführender Untersuchungen. Unzweifelhaft ist
es zweckmäßig, eine zeitnahe RIO-Tabelle mit relativ aktuellen Gegebenheiten zu erstellen. Berichtsjahr könnte demzufolge das Jahr 2002 sein, in
dem eine MWE für das Bundesgebiet erhoben worden ist, auf deren Ergebnisse man unter Umständen zurückgreifen könnte. Falls zur Erstellung einer
RIO-Tabelle für OWL Ergebnisse auf dem originären Weg gewonnen werden
sollen, so sollte dies im Zusammenhang mit einem verhältnismäßig hohen
Ressourcenverbrauch gesehen werden. Prinzipiell gilt allerdings, dass die Erstellung einer RIO-Tabelle überhaupt einen Gewinn für die Region darstellen
würde, dies unabhängig von der gewählten Erstellungsmethode.

Ein grob umrissener Ablauf eines organisatorischen Programmplans könnte wie folgt konstruiert sein[188]:

i.) Zielformulierung, darauf aufbauend eine a priori Konzeption einer RIO-
Tabelle, die sich je nach vorhandenem Datenmaterial ändern kann

ii.) Auswahl einer Erstellungsmethode, einhergehend mit spezifischer Da-
tensammlung

iii.) Erstellung der Tabelle samt erforderlichen Umrechnungen primär- oder
sekundärstatistischen Materials

iv.) Deskriptive oder modellmäßige Auswertung

v.) Ggf. Fortschreibung der Tabelle

Auch wenn der Programmplan lediglich einige Schritte umfasst, so soll-
te dennoch beachtet werden, dass die Ausarbeitung insgesamt einen langen
Zeitraum in Anspruch nehmen kann, so dass bis zu einer Darstellung erster
Ergebnisse mit einer verhältnismäßig großen Zeitverzögerung zu rechnen ist.

Aus wissenschaftlicher Perspektive wäre die Erstellung einer RIO-Tabelle
– sowohl für OWL als auch generell – unter Verwendung aller aufgezeigten
Methoden per se betrachtungswürdig. So könnten vergleichende Untersuchungen der Erstellungsmethoden durchgeführt werden und u. a. Schlußfol-
gerungen hinsichtlich der Qualität der einzelnen Methoden gezogen werden.

---

[188]Dieser Programmplan ist in Anlehnung an Stäglin (1994), S. 97 f., skizziert.

Anhang

A Mathematischer Anhang

A.1 Herleitung der Angebotsform

Ausgehend von Gleichung (4) erhält man nach äquivalenter Umformung folgende Gleichung[189]:

$$z_{i\cdot} = \sum_{j=1}^{N} x_{ij} + y_{i\cdot} \qquad (25)$$

Gleichung (10) kann zudem auch geschrieben werden als:

$$a_{ij} z_{\cdot j} = x_{ij} \qquad (26)$$

Setzt man nun Gleichung (26) in Gleichung (25) ein, so ergibt sich nachstehende Gleichung:

$$z_{i\cdot} = \sum_{j=1}^{N} a_{ij} z_{\cdot j} + y_{i\cdot} \qquad (27)$$

Formt man diese äquivalent um, so erhält man Gleichung (28):

$$z_{i\cdot} - \sum_{j=1}^{N} a_{ij} z_{\cdot j} = y_{i\cdot} \qquad (28)$$

Diese Gleichung (28) kann für $i = 1, \ldots, N$ wegen Gleichung (8) auch geschrieben werden als:

$$\sum_{j=1}^{N} (e_{ij} - a_{ij}) z_{\cdot j} = y_{i\cdot} \quad , \text{ mit } \quad e_{ij} = \begin{cases} 1 & , i = j \\ 0 & , i \neq j. \end{cases} \qquad (29)$$

Die letzte Gleichung führt dann letztlich zu der matriziellen Darstellung der Gleichung (14), Gleichung (27) führt zu Gleichung (13).

---

[189]Alle hier in Anhang A.1 dargestellten Gleichungen gelten für $i = 1, \ldots, N$.

A.2 Die RAS-Methode

Es wird versucht - wie in Abbildung 10 auf Seite 40 dargestellt - auf Basis einer gesamtwirtschaftlichen Input-Koeffizientenmatrix[190] $A^N = (a_{ij}) = \frac{x_{ij}^N}{z_{\cdot j}^N}$ (vgl. Gleichung (10) auf Seite 25 und Gleichung (12) auf Seite 27) eine regionale Input-Koeffizientenmatrix $\hat{A}^R$ zu generieren, die dann letztlich zu einer Matrix der intermediären Vorleistungverflechtungen $\hat{X}^{R,191}$ der Region R führen soll[192].

Das RAS-Verfahren zur Generierung von $\hat{X}^R$ benötigt:

$$x_{i\cdot}^R, \quad i = 1, \dots, N, \quad \text{mit} \quad \nu = \begin{pmatrix} \nu_1 \\ \vdots \\ \nu_N \end{pmatrix} = \begin{pmatrix} x_{1\cdot}^R \\ \vdots \\ x_{N\cdot}^R \end{pmatrix}, \tag{30}$$

d. h. also den Werten aller intermediären Outputs der regionalen Produktionssektoren, die in der Region R verbleiben.

$$x_{\cdot j}^R, \quad j = 1, \dots, N, \quad \text{mit} \quad \kappa = \begin{pmatrix} \kappa_1 \\ \vdots \\ \kappa_N \end{pmatrix} = \begin{pmatrix} x_{\cdot 1}^R \\ \vdots \\ x_{\cdot N}^R \end{pmatrix}, \tag{31}$$

d. h. also den Werten aller intermediären Inputs der regionalen Produktionssektoren, die aus der Region R stammen.

$$z_{i\cdot}^R, \quad i = 1, \dots, N, \quad \text{mit} \quad \zeta = \begin{pmatrix} \zeta_1 \\ \vdots \\ \zeta_N \end{pmatrix} = \begin{pmatrix} z_{1\cdot}^R \\ \vdots \\ z_{N\cdot}^R \end{pmatrix}, \tag{32}$$

d. h. also den Werten aller - sowohl intermediären als auch autonomen - Outputs der regionalen Produktionssektoren, also den sektoralen Produktionswerten[193].

Es soll angenommen werden, dass die gesamtwirtschaftliche und die regionale Wirtschaftsstruktur kongruent zueinander sind, dass folglich gilt:

---

[190]Bei der hier dargestellten Generierung einer Matrix der intermediären Vorleistungsverflechtungen $\hat{X}^R$ der Region R wird angenommen, dass es sich bei den gesamtwirtschaftlichen Input-Koeffizienten um inländische Input-Koeffizienten handelt. Vgl. HolSchn (1994a), S. 31, bzw. Gleichung (10) auf Seite 25. Darüber hinaus wird unterstellt, dass es sich bei allen Variablen um das gleiche Berichtsjahr handelt. Zudem ist eine konzeptionelle Kongruenz von gesamtwirtschaftlicher und regionaler IO-Tabelle vorausgesetzt.

[191]Der Übersichtlichkeit halber wird unterstellt, dass es sich um quadratische Matrizen A^N, $\hat{A}^R$ und $\hat{X}^R$ handelt.

[192]Die hier gewählte Darstellung des Generierungsverfahrens basiert auf MillerBlair (1985), S. 276 ff., in Zusammenhang mit S. 302 f.

[193]Vgl. Fußnote 17.

$A^N = \hat{A}^R$. Es gilt zunächst, diese Kongruenzhypothese mittels der gegebenen Informationen ν, κ, ζ und A^N zu überprüfen. Gelten dann nämlich die Bedingungen der Zeilen- und Spaltenkonsistenz der beiden nachfolgenden Gleichungen

$$A^N \tilde{\zeta} i = \hat{A}^R \tilde{\zeta} i = {}^1\hat{\nu} = \nu \quad \text{und} \quad {}^{194} \tag{33}$$

$$i' A^N \tilde{\zeta} = i' \hat{A}^R \tilde{\zeta} = {}^1\hat{\kappa}' = \kappa' \quad {}^{195}, \tag{34}$$

so kann davon ausgegangen werden, dass die Kongruenzhypothese nicht verworfen werden kann.

Es ist jedoch davon auszugehen, dass die Kongruenzhypothese verworfen wird, dass also gilt: ${}^1\hat{\nu} \neq \nu$ und ${}^1\hat{\kappa}' \neq \kappa'$, letztlich also gilt: $A^N \neq \hat{A}^R$. Ist dieser Fall gegeben, dann kann die Gleichheit mittels einer zeilen- und spaltenweisen Korrektur der Matrix A^N über den RAS-Algorithmus bewirkt werden. Dieser Algorithmus korrigiert die Zeilen und Spalten einer Ausgangsmatrix (hier also A^N) k-mal iterativ, bis die Bedingungen ${}^{k+1}\hat{\nu} = \nu$ und ${}^{k+1}\hat{\kappa}' = \kappa'$ (oder bis jeweils näherungsweise Gleichheit) herbeigeführt sind.

Der RAS-Algorithmus beginnt mit einer Zeilenkorrektur der Matrix $\hat{A}^R$, d. h. also mit

$${}^1\hat{A}^R = R^1 \hat{A}^R, {}^{196} \tag{35}$$

um (üblicherweise vorläufige) Zeilenkonsistenz (und ggf. zugleich, was aber eher unwahrscheinlich ist, Spaltenkonsistenz) zu erhalten[197]:

$${}^1\hat{A}^R \tilde{\zeta} i = {}^2\hat{\nu} = \nu. \tag{36}$$

Bei der Matrix R^1 handelt es sich um eine erste - deswegen der Exponent 1 bei R - zeilenkorrigierende Diagonalmatrix mit den Elementen r_i^1, $i =$

---

[194]In dieser Gleichung (33) und in den nachfolgenden Ausführungen stellen die Tilden (~) auf der Variable ζ die Diagonalisierung des Vektors zu einer Matrix mit den Elementen $\zeta_1, \zeta_2, \ldots, \zeta_N$ auf der Hauptdiagonalen und mit Nullen für alle Nebendiagonalelemente dar. i stellt einen Einheitsvektor der Ordnung N×1 dar. Der linksseitige Exponent markiert eine erste Schätzung des bekannten Vektors ν.

[195]i', ${}^1\hat{\kappa}'$ und κ' stellen transponierte Vektoren der Ordnung 1×N dar. Bei dem linksseitigen Exponenten der Variable $\hat{\kappa}'$ handelt es sich wiederum um eine erste Schätzung (des bekannten Vektors κ').

[196]In dieser Gleichung (35) stellt der linksseitige Exponent bei der Matrix $\hat{A}^R$ die erste Korrektur der Matrix $\hat{A}^R$ dar.

[197]MillerBlair (1985), S. 279, Fußnote 3, zeigen, dass nach der Zeilenkorrektur Zeilenkonsistenz folgt.

$1,\ldots$,N, auf der Hauptdiagonalen[198], die definiert sind als $r_i^1 = \frac{\nu_i}{{}^1\hat{\nu}_i}, \forall\, i$.

Nach der Zeilenkorrektur der Matrix $\hat{A}^R$ bedarf es nachfolgend einer spaltenweisen Korrektur der Matrix ${}^1\hat{A}^R$, da i. d. R. davon auszugehen ist, dass Spaltenkonsistenz $i'\ {}^1\hat{A}^R\tilde{\zeta} = {}^2\hat{\kappa}' = \kappa'$ noch nicht herbeigeführt worden ist. Um Spaltenkonsistenz zu bewirken, wird folgende Multiplikation vorgenommen:

$$ {}^2\hat{A}^R = {}^1\hat{A}^R S^1. \tag{37} $$

Damit wird (üblicherweise vorläufige) Spaltenkonsistenz (und ggf. zugleich, was aber eher unwahrscheinlich ist, Zeilenkonsistenz) gewährleistet[199,200]. Bei der Matrix S^1 handelt es sich um eine spaltenkorrigierende Diagonalmatrix mit den Elementen s_i^1, $i = 1,\ldots$,N, auf der Hauptdiagonalen[201], die definiert sind als $s_i^1 = \frac{\kappa_i}{{}^2\hat{\kappa}_i}, \forall\, i$, wobei ${}^2\hat{\kappa}_i = ({}^1\hat{A}^R\tilde{\zeta}i)_i$ ist[202].

Gesetzt den i. d. R. eintretenden Fall der nun vorhandenen Zeileninkonsistenz, ist eine nochmalige Zeilenkorrektur wie in Gleichung (35) erforderlich, nur mit dem Unterschied, dass sich die Faktoren der Matrix R^2 gegenüber der Matrix R^1 insofern ändern, als dass $r_i^2 = \frac{\nu_i}{{}^2\hat{\nu}_i}, \forall\, i$, mit ${}^2\hat{\nu}_i = ({}^2\hat{A}^R\tilde{\zeta}i)_i$, ist und nun mit der Matrix ${}^2\hat{A}^R$ multipliziert wird. Diese Korrekturen der Matrix $\hat{A}^R$ werden - zeilen- und spaltenweise alternierend - nun so oft wiederholt, bis entweder ${}^{k+1}\hat{\nu} = \nu$ und ${}^{k+1}\hat{\kappa}' = \kappa'$ gilt oder bis $|{}^{k+1}\hat{\nu} - \nu| < \epsilon$ und $|{}^{k+1}\hat{\kappa}' - \kappa'| < \epsilon$ für beliebig kleines ϵ gewährleistet wird[203].

Wähnt man sich nach Beendigung des RAS-Algorithmus, eine geeignete Matrix ${}^\star\hat{A}^R$ gefunden zu haben, so bedarf es letzlich noch der Multiplikation ${}^\star\hat{A}^R\tilde{\zeta}$, um eine geeignete Matrix ${}^\star\tilde{X}^R$ der intermediären Vorleistungsverflechtungen für die Produktionssektoren in der Region R zu erhalten[204].

---

[198]Die Nebendiagonalelemente dieser Matrix R^1 sind sämtlich gleich null. An dieser Stelle sei noch angemerkt, dass sich stets aus dem Zusammenhang zweifelsfrei ergeben wird, ob es sich bei dem Buchstaben R um eine zeilenkorrigierende Matrix oder um eine Region handelt.

[199]MillerBlair (1985), S. 280, Fußnote 5, zeigen wiederum, dass nach der Spaltenkorrektur Spaltenkonsistenz folgt.

[200]Nach dieser zweiten Korrektur der Matrix $\hat{A}^R$ wird deutlich, dass der Name des RAS-Algorithmus von der zeilen- und spaltenweisen Korrektur eben dieser Matrix herrührt: ${}^2\hat{A}^R = R^1\hat{A}^R S^1$, bzw. noch deutlicher bei Weglassen aller Exponenten auf der rechten Seite der Gleichung: ${}^2\hat{A}^R = R\hat{A}S$.

[201]Die Nebendiagonalelemente dieser Matrix S^1 sind wiederum sämtlich gleich null.

[202] ${}^2\hat{\kappa}_i$ ist also das i-te Element des Vektors ${}^1\hat{A}^R\tilde{\zeta}i$.

[203]Vgl. MillerBlair (1985), S. 283, zur Konvergenzproblematik des RAS-Algorithmus.

[204]Vgl. MillerBlair (1985), S. 291 f., für das RAS-Verfahren bei zusätzlich exogen gegebener Information. Eine Modifizierung der biproportionalen Verfahren, insbesondere des MODOP-Verfahrens, findet sich in Hillebrand (1982), S. 82, der neben zusätzlicher exogener Information auch eine Methode anwendet, die über Vorgabe von Intervallen für einzelne

A.3 Die ENTROP-Methode

Im Folgenden wird die ENTROP-Methode exemplarisch sowohl hinsichtlich der Maximierung der absoluten als auch der Minimierung der relativen Entropie dargestellt. Im ersten Fall[205] werden Input-Koeffizienten des Quadranten I einer RIO-Tabelle geschätzt, wobei angenommen wird, dass es sich bei der zu generierenden Tabelle um eine regionale Verflechtungstabelle handelt. Hierbei wird die Zielfunktion – die Entropie – unter linearen Gleichungen als Nebenbedingungen optimiert, und lediglich die Randsummen x_i, $i = 1,\dots,$N, werden a priori verwendet. Im nachfolgenden Fall der Minimierung der relativen Entropie[206] wird die entsprechende Zielfunktion – die Differenz zwischen zwei Entropien – unter linearen Gleichungen und Ungleichungen als Nebenbedingungen optimiert, wobei wiederum der Quadrant I einer RIO-Tabelle geschätzt wird, in diesem Fall allerdings mit Absolutwerten. Hierbei ist die Existenz einer gesamtwirtschaftlichen IO-Tabelle bzw. ihres Quadranten I erforderlich[207].

A.3.1 Maximierung der absoluten Entropie

Gesucht werden Input-Koeffizienten a_{ij}, $i, j = 1, \dots,$N, der Input-Koeffizientenmatrix A des Quadranten I einer regionalen Verflechtungstabelle (vgl. Abbildung (9) auf Seite 13). Die a_{ij} der betrachteten Verflechtungstabelle sind hier definiert als $a_{ij} = \frac{x_{ij}}{x_{.j}}$, $i, j = 1, \dots,$N, wobei x_{ij} hier den Wert des Güterstroms darstellt, der zwischen den Produktionssektoren der betrachteten Region fließt[208]. Es wird angenommen, dass $x_{.j} = x_{i.}$, $i = j$, gilt.
In diesem Zusammenhang gelten folgende Bedingungen:

$$\sum_{i=1}^{N} a_{ij} = 1, j = 1, \dots, N, \tag{38}$$

$$\sum_{j=1}^{N} a_{ij}x_{.j} = x_{i.}, i = 1, \dots, N, \quad \text{und} \tag{39}$$

Felder des Quadranten I zudem ungenaue oder qualitative Informationen berücksichtigen kann.

[205]Die hier unter A.3.1 dargestellte Maximierung erfolgt in Anlehnung an GoJuRo (1994), S. 541-544.

[206]Die unter A.3.2 dargestellte Minimierung erfolgt in Anlehnung an BlienGraef (1991), S. 404-406.

[207]Zeitliche und konzeptionelle Kongruenz der gesamt- und regionalwirtschaftlichen IO-Tabelle werden für diesen Fall vorausgesetzt.

[208]Je nach Definition der x_{ij} könnte ebenfalls eine technologische bzw. eine Bundesverflechtungstabelle generiert werden.

$$a_{ij} \geq 0, i, j = 1, \dots, N. \tag{40}$$

Gesucht ist also die Matrix A mit N^2 Unbekannten, wobei lediglich 2N Informationen der Gleichungen (38) und (39) und die Nichtnegativitätsbedingung der Gleichung (40) gegeben sind. Zur Bestimmung der Matrix A wird die maximale absolute Entropie gesucht, mit absoluter Entropie $\mathcal{H}$ definiert als:

$$\mathcal{H} := -\sum_{i=1}^{N}\sum_{j=1}^{N} a_{ij} \ln a_{ij}. \tag{41}$$

Fasst man die a_{ij} als Wahrscheinlichkeiten auf, dann ist die absolute Entropie das Negative der Summe der erwarteten logarithmierten Wahrscheinlichkeiten. Sie kann verstanden werden als erwarteter Informationsgehalt einer Verteilung. Zudem kann sie auch als Maß der Unwissenheit verstanden werden[209]. Gesucht wird letztlich „...the A matrix that can be realized in the greatest number of ways, consistent with what we know."[210] Es gilt nun, diese absolute Entropie $\mathcal{H}$ unter den Nebenbedingungen der Gleichungen (38) und (39) zu maximieren, dies letztlich unter Berücksichtigung der Bedingung der Gleichung (40). Hierzu wird der Langrange-Ansatz gewählt:

$$\max_{a_{ij}} \mathcal{H} = -\sum_{i=1}^{N}\sum_{j=1}^{N} a_{ij} \ln a_{ij} \quad s.t.$$

$$\sum_{i=1}^{N} a_{ij} = 1 \quad \text{und} \tag{42}$$

$$\sum_{j=1}^{N} a_{ij} x_{\cdot j} = x_{i \cdot}.$$

Als Lagrange-Funktion erhält man demzufolge:

$$\max_{a_{ij}} \mathcal{L} = -\sum_{i=1}^{N}\sum_{j=1}^{N} a_{ij} \ln a_{ij} + \sum_{i=1}^{N} \lambda_i (x_{i\cdot} - \sum_{j=1}^{N} a_{ij} x_{\cdot j}) + \sum_{j=1}^{N} \mu_j (1 - \sum_{i=1}^{N} a_{ij}). \tag{43}$$

Die Lösung dieses Maximierungsproblems lautet:

$$\hat{a}_{ij} = \frac{1}{\Omega_j(\hat{\lambda}_i)} \exp[-\hat{\lambda}_i x_{\cdot j}] \quad \text{mit} \quad \Omega_j(\hat{\lambda}_i) = \sum_{i=1}^{N} \exp[-\hat{\lambda}_i x_{\cdot j}]. \tag{44}$$

---

[209]Vgl. Theil (1967), Abschnitt 2.1, für eine Einführung in das Konzept der Entropie.
[210]Vgl. GoJuRo (1994), S. 543.

Neben dem in Gleichung (43) gezeigten Langrange-Ansatz mit den linearen Nebenbedingungen der Gleichungen (38) und (39) können noch weitere lineare Nebenbedingungen in der Form $a_{ij} = b_{ij}$ berücksichtigt werden, wobei a_{ij} bzw. b_{ij} jeweils im Intervall [0 1] liegen müssen $(i, j = 1, \ldots, \text{N})$.

A.3.2 Minimierung der relativen Entropie

Gesucht werden die absoluten Felderwerte x_{ij}^R, $i, j = 1, \ldots, \text{N}$, der Matrix der intermediären Vorleistungsverflechtungen (Quadrant I) einer RIO-Tabelle. Es wird angenommen, dass eine gesamtwirtschaftliche IO-Tabelle bzw. ihr Quadrant I mit Absolutwerten x_{ij}^N, $i, j = 1, \ldots, \text{N}$, gegeben ist. Zur Bestimmung des gesuchten Quadranten I soll die minimale relative Entropie ermittelt werden, mit relativer Entropie $\mathcal{I}$ definiert als:

$$\mathcal{I}(x_{ij}^R : x_{ij}^N) := \sum_{i=1}^{N} \sum_{j=1}^{N} x_{ij}^R \ln \frac{x_{ij}^R}{x_{ij}^N} = \sum_{i=1}^{N} \sum_{j=1}^{N} x_{ij}^R \ln x_{ij}^R - \sum_{i=1}^{N} \sum_{j=1}^{N} x_{ij}^R \ln x_{ij}^N. \quad (45)$$

Aus der rechten Seite der Gleichung (45) wird ersichtlich, dass es sich bei der relativen Entropie um die Differenz zwischen zwei Entropien handelt. Es gilt nun, diese relative Entropie unter den Nebenbedingungen

$$x_{ij}^R \geq 0 \quad \text{und} \quad (46)$$

$$\sum_{i=1}^{N} \sum_{j=1}^{N} a_{kij} x_{ij}^R \leq b_k, k = 1, \ldots, K \quad (47)$$

zu minimieren. Gleichung (47) stellt hier die k-te Restriktion dar. Für ggf. gegebene Randsummen $x_{i.}^R$, $i = 1, \ldots, \text{N}$, und $x_{.j}^R$, $j = 1, \ldots, \text{N}$, einer RIO-Tabelle ergeben sich insbesondere folgende 2N Restriktionen:

$$\sum_{j=1}^{N} a_{ij} x_{.j}^R = x_{i.}^R, i = 1, \ldots, N, \quad \text{und} \quad (48)$$

$$\sum_{i=1}^{N} a_{ij} x_{i.}^R = x_{.j}^R, j = 1, \ldots, N. \quad (49)$$

Die Lösung des Minimierungsproblems erfolgt über folgenden Ansatz:

$$\min_{x_{ij}^R} \mathcal{I} = \sum_{i=1}^{N} \sum_{j=1}^{N} x_{ij}^R \ln \frac{x_{ij}^R}{x_{ij}^N} \quad s.t.$$

$$x_{ij}^R \geq 0 \quad \text{und} \tag{50}$$

$$\sum_{i=1}^{N} \sum_{j=1}^{N} a_{kij} x_{ij}^R \leq b_k, k = 1, \ldots, K.$$

Die Lösung des Minimierungsproblems wird durch die Karush-Kuhn-Tucker-Bedingungen gekennzeichnet:

$$\ln \frac{x_{ij}^R}{x_{ij}^N} + 1 + \sum_{k=1}^{K} \mu_k a_{kij} = 0 \Leftrightarrow x_{ij}^R = x_{ij}^N e^{-1} e^{-\sum_{k=1}^{K} \mu_k a_{kij}}, \tag{51}$$

$$\mu_k \geq 0 \quad \text{und} \quad \mu_k (\sum_{i=1}^{N} \sum_{j=1}^{N} a_{kij} x_{ij}^R - b_k) = 0. \tag{52}$$

Zur Auffindung einer geeigneten numerischen Lösung des beschriebenen Minimierungsproblems bedarf es eines Algorithmus, der von BlienGraef (1991) als ENTROP-Algorithmus eingeführt wird. Dieser beginnt mit

$$x_{ij}^R = x_{ij}^N e^{-1}, i, j = 1, \ldots, N, \quad \text{und} \quad \mu_k = 0, k = 1, \ldots, K \tag{53}$$

als Startwerten. Beendet wird er, wenn ein bestimmter Wert für $\delta\mu_k$ erreicht wird, der unterhalb einer vorgegebenen Schranke verbleibt[211]. Dieser Lösungsalgorithmus wird als ENTROP-Methode bezeichnet.

Wie aus Gleichungen (47) bis (49) ersichtlich, können vor der Generierung einer RIO-Tabelle bzw. ihres Quadranten I neben einer gesamtwirtschaftlichen IO-Tabelle bzw. ihres Quadranten I als Grundlage für die Schätzung auch weitere Informationen in Form von (Un-)Gleichungen mitberücksichtigt werden. BlienGraef (1991), S. 410, gehen davon aus, dass je „...mehr Restriktionen mit um so genaueren Angaben vorgegeben werden können, desto näher wird die Schätzung bei den tatsächlichen [den wahren, Anm. d. Verf.] Werten liegen", so dass letztlich jede erdenkliche und abgesicherte – im Sinne einer ‚guten' Datenqualität – Information mit in den Generierungsprozess einbezogen werden sollte[212].

---

[211]Vgl. BlienGraef (1991), Abschnitt 6, für eine eingehende Darstellung des Algorithmus.
[212]Zur Lösung des Algorithmus schlagen BlienGraef (1991), S. 410, ein TURBO-PASCAL-Programm vor. GoJuRo (1994), S. 543 f., präferieren das Programmpaket GAMS (http://www.gams.de). Graef (2003) stellt darüber hinaus noch das Programm ADETON vor.

B   Standortquotienten für Ostwestfalen-Lippe

In Tabelle 4 und in Tabelle 5 sind LQ und CIQ für OWL berechnet worden. Empirische Basis für die Ergebnisse der Tabelle 4 sind Erwerbstätige[213], für die Daten der Jahre 2000-2002 vorlagen. Grundlage der Tabelle 5 sind hingegen Bruttowertschöpfungen, für die Daten des Jahres 2000 vorlagen. In allen Kopfzeilen und Vorspalten sind die Wirtschaftszweige (nach WZ 93) definiert als:

  I Land- und Forstwirtschaft, Fischerei

  II Produzierendes Gewerbe (ohne Verarbeitendes Gewerbe)

  III Verarbeitendes Gewerbe

  IV Handel, Gastgewerbe und Verkehr

  V Finanzierung, Vermietung und Unternehmensdienstleister

  VI Öffentliche und private Dienstleister

Auf den Hauptdiagonalen der jeweiligen Tabelle stehen LQ für die Wirtschaftszweige I-VI. Die Nebendiagonalelemente aller Tabellen sind CIQ[214]. Betrachtet man die LQ der Jahre 2000-2002, basierend auf Daten der Erwerbstätigenrechnung, so wird deutlich, dass im Verhältnis zur Gesamtwirtschaft lediglich das Verarbeitende Gewerbe überproportional in der Region OWL vertreten ist und alle übrigen Wirtschaftszweige unterrepräsentiert sind. Dies hätte zur Konsequenz, dass hinsichtlich aller Jahre (bei zeilenweiser Betrachtung) lediglich die Input-Koeffizienten des Verarbeitenden Gewerbes aus einer gesamtwirtschaftlichen IO-Tabelle übernommen werden könnten, alle übrigen müssten über $a_{ij}^N LQ_i^R$ zeilenweise korrigiert werden. Ein ähnlich geartetes Bild ergibt sich für die LQ, die anhand Bruttowertschöpfungen des Jahres 2000 berechnet worden sind. Mit Ausnahme der Wirtschaftszweige I (Land- und Forstwirtschaft, Fischerei) und III (Verarbeitendes Gewerbe) müssten hier ebenfalls alle übrigen gesamtwirtschaftlichen Input-Koeffizienten zeilenweise korrigiert werden, um als regionalwirtschaftliche Input-Koeffizienten fungieren zu können.

---

[213]Arbeitnehmer und Selbständige (samt mithelfenden Angehörigen).
[214]Wegen $CIQ_{ij}^R = 1$ für $i = j$ wurden die Hauptdiagonalelemente mit LQ besetzt.

2002	I	II	III	IV	V	VI
I	*0,915368*	1,177542	0,673854	0,926205	1,144871	0,989640
II	0,849227	*0,777355*	0,572255	0,786558	0,972255	0,840429
III	1,484001	1,747473	*1,358407*	1,374488	1,698989	1,468626
IV	1,079675	1,271362	0,727544	*0,988300*	1,236089	1,068489
V	0,873461	1,028537	0,588585	0,809003	*0,799538*	0,864412
VI	1,010468	1,189869	0,680909	0,935901	1,156856	*0,924950*

2001	I	II	III	IV	V	VI
I	*0,909476*	1,188986	0,666345	0,921323	1,137943	0,986607
II	0,841053	*0,764917*	0,560432	0,774881	0,957071	0,829789
III	1,500724	1,784338	*1,645846*	1,382651	1,707740	1,480625
IV	1,085396	1,290521	0,723248	*0,987141*	1,235120	1,070859
V	0,878779	1,044855	0,585569	0,809638	*0,799227*	1,070859
VI	1,013575	1,205126	0,675390	0,933830	1,153391	*0,921821*

2000	I	II	III	IV	V	VI
I	*0,919255*	1,198541	0,670846	0,932081	1,146507	1,002739
II	0,834348	*0,766978*	0,559719	0,777679	0,956586	0,836633
III	1,490655	1,786611	*1,370292*	1,389411	1,708047	1,494738
IV	1,072868	1,285878	0,719729	*0,986240*	1,230052	1,075807
V	0,872214	1,045384	0,585464	0,812974	*0,801787*	0,874603
VI	0,997268	1,195267	0,669014	0,929535	1,143376	*0,916744*

Quelle: ETR (2004) und eigene Berechnungen

Tabelle 4: LQ und CIQ für OWL von 2000 - 2002 anhand Erwerbstätigen

Betrachtet man zeilenweise die CIQ der Jahre 2000-2002 exemplarisch für den Wirtschaftszweig III, so zeigt sich auf Basis von Erwerbstätigenzahlen, dass dieser Zweig relativ zu den übrigen Zweigen überproportional in der Region OWL vetreten ist. Dasselbe Ergebnis ergibt sich bei Verwendung von Bruttowertschöpfungen des Jahres 2000 als Berechnungsgrundlage der CIQ. Dies impliziert, dass das Verarbeitende Gewerbe in der Region in der Lage ist, die regionale Nachfrage nach seinen Gütern zu befriedigen, ohne dass Einfuhren von Gütern dieses Wirtschaftszweiges in die Region erforderlich sind. Folglich könnten hier Input-Koeffizienten aus einer gesamtwirtschaftlichen

58

IO-Tabelle ohne Änderung übernommen werden. Bei spaltenweiser Betrachtung des Wirtschaftszweiges III zeigt sich, dass die regionalenWirtschaftszweige nicht in der Lage sind, die Nachfrage des Verarbeitenden Gewerbes zu decken, da die CIQ hier sämtlich kleiner als eins sind. Dies impliziert, das für den Zweig III Importbedarf besteht. In diesem Fall müssten gesamtwirtschaftliche Input-Koeffizienten über $a_{ij}^N \mathrm{CIQ}_{iIII}^R$ felderweise korrigiert werden ($i = I, II, IV, V, VI$). Ein entgegengesetztes Bild ergibt sich demgegenüber für das Produzierende Gewerbe (ohne das Verarbeitende Gewerbe), da hier bei zeilenweiser Betrachtung die CIQ allesamt kleiner als eins und bei spaltenweiser Betrachtung größer als eins sind.

2000	I	II	III	IV	V	VI
I	*1,137528*	1,405136	0,901824	1,220289	1,272912	1,182828
II	0,711675	*0,809550*	0,641806	0,868449	0,905899	0,841789
III	1,108864	1,558103	*1,290247*	1,353133	1,411485	1,311594
IV	0,819478	1,151478	0,739026	*0,932179*	1,043124	0,969302
V	0,785600	1,103876	0,708474	0,958659	*0,893642*	0,929230
VI	0,845431	1,187946	0,762431	1,031670	1,076160	*0,961702*

Quelle: BWSNRW (2003) und eigene Berechnungen

Tabelle 5: LQ und CIQ anhand Bruttowertschöpfungen für OWL in 2000

Bei einem Vergleich der Ergebnisse für LQ und CIQ des Jahres 2000 wird erkennbar, dass die Resultate zum Teil recht stark voneinander abweichen und somit die Datenbasis zur Berechnung der Quotienten eine gewichtige Rolle spielt.

C Fragebogen

In diesem Abschnitt soll aufgezeigt werden, wie ein Fragebogen zur Gewinnung gewünschter Informationen zur Erstellung einer RIO-Tabelle für OWL prinzipiell formuliert werden könnte. Dabei wird auf die Inputmethode zurückgegriffen, also einer spaltenweisen Betrachtung der RIO-Tabelle. Erhebungseinheiten sollen die in OWL ansässigen Unternehmen sein, insbesondere Unternehmen des Verarbeitenden Gewerbes.

Die Konzeption des Fragebogens ist stark vereinfacht. Die endgültige Ausgestaltung eines Fragebogens hängt von vielerlei Faktoren ab, die in ihrer Vielfältigkeit allesamt hier letztlich nicht berücksichtigt werden können, sondern erst dann Eingang in die Fragebogenkonzeption finden sollten, wenn feststeht, welche Ziele mit ihr verfolgt werden. Die Ausgestaltung hängt vor allem von der konzeptionellen Ausgestaltung der RIO-Tabelle selbst und ggf. von dem Grad der vor der Befragungsaktion zur Verfügung stehenden sekundärstatistischen Daten ab.

Die Unkenntnis der konkreten Ziele bzw. die Vielfältigkeit der Konzeptionsmöglichkeiten einer RIO-Tabelle ist der Grund, warum in Abschnitt 3.2 hauptsächlich organisatorische Aspekte einer Befragungsaktion Berücksichtigung finden.

I. Allgemeine Angaben

Anmerkung: Angaben bitte für das ganze Unternehmen als rechtlich selbständiger Einheit, jedoch ohne Zweigniederlassungen oder Muttergesellschaften im Ausland und ohne Zweigniederlassungen oder Muttergesellschaften, die sich außerhalb Ostwestfalen-Lippes befinden. Alle Angaben bitte für das Jahr _____ .

a.) Name und Anschrift Ihres Unternehmens:

_____

_____

_____

b.) Name des Fragebogenbearbeiters und Kontaktmöglichkeit (Telefon, E-Mail):

_____

c.) Welchem Wirtschaftsbereich würden Sie Ihr Unternehmen dem Kriterium des Umsatzes nach schwerpunktmäßig zuordnen (WZ93)?

_____

II. Angaben über angefallene Kosten bzw. Inputstruktur

A. Für welche Güter (Rohstoffe, Vorprodukte, Hilfsstoffe sowie Handelswaren; Betriebsstoffe; Brenn- und Treibstoffe sowie Energie; Waren für eigene Küchen usw.) sind Ihrem Unternehmen im Jahr _____ Kosten entstanden? Woher stammen diese Güter?

Anmerkung: Güter, die über den Handel (Handelsvermittlung, Groß- oder Einzelhandel) bezogen worden sind, bitte demjenigen Wirtschaftszweig zuordnen, in dem sie hergestellt worden sind. Mit Gütern sind hier *nicht* Investitionsgüter gemeint. Angaben bitte zu Anschaffungskosten, d. h. ohne Umsatzsteuer bzw. Einfuhrumsatzsteuer.

WZ 93[a]	in Tsd. Euro[b]	OWL[c]	übrige BRD	Ausland
A Land- und Forstw.				
⋮				
D Verarb. Gewerbe				
⋮				
Q Ext. Org. und Körp.				
Σ				

[a]WZ 93: Klassifikation der Wirtschaftszweige, Ausgabe 1993.
[b]Hier bitte die Gesamtkosten Ihres Unternehmens eintragen.
[c]Hier bitte (in %) eintragen, ob die Güter aus OWL, aus dem übrigen Bundesgebiet oder dem Ausland stammen.

B. Wie hoch waren im Jahr _____ die Ausgaben bzw. Aufwendungen Ihres Unternehmens für ...

a.) ... Gütersteuern (abzüglich Gütersubventionen)?
_____ Euro

b.) ... sonstige Produktionsabgaben (abzgl. sonst. Subv.)?
_____ Euro

c.) ... Abschreibungen auf das Anlagevermögen?
_____ Euro

d.) ... Arbeitnehmerentgelte (inkl. Sozialbeiträgen des Arbeitgebers)?
_____ Euro

Literaturverzeichnis

[Berwert 2000]   Berwert, A.: *ENTROP: A Flexible and Hybrid Approach for the Estimation of Regional Input-Output Tables*, 6th Regional Science Association International World Congress, Lugano - Switzerland, 2000

[BlienGraef 1991]   Blien, U. und F. Graef: *Entropieoptimierungsverfahren in der empirischen Wirtschaftsforschung*, in: Jahrbücher für Nationalökonomie und Statistik, Bd. 208/4, 1991, S. 399-413

[Brandner 1977]   Brandner, H., H. Glaab et al.: *Methode der Kostenstrukturerhebungen im Produzierenden Gewerbe*, in: Wirtschaft und Statistik, Heft 11, 1977, S. 689-694

[BWSNRW 2003]   Landesamt für Datenverarbeitung und Statistik Nordrhein-Westfalen: *Bruttoinlandsprodukt, Bruttowertschöpfung und Arbeitnehmerentgelt in Nordrhein-Westfalen: revidierte Ergebnisse für kreisfreie Städte und Kreise 1996 - 2001*, Düsseldorf, 2003

[Eurostat 2003]   Statistisches Amt der Europäischen Gemeinschaften: *Regionen - Systematik der Gebietseinheiten für die Statistik NUTS - 2003*, Luxembourg, 2003

[ESVG 2002]   Amt für amtliche Veröffentlichungen der Europäischen Gemeinschaften: *Konsolidierter Text - Verordnung (EG) Nr. 2223/96 des Rates vom 25. Juni 1996 zum Europäischen System Volkswirtschaftlicher Gesamtrechnungen auf nationaler und regionaler Ebene in der Europäischen Gemeinschaft (Amtsblatt L 310 vom 30.11.1996, S. 1)*, 2002

[ETR 2004]   Statistische Ämter des Bundes und der Länder: *Erwerbstätigenrechnung - Erwerbstätige in den kreisfreien Städten und Landkreisen der Bundesrepublik Deutschland 1991 - 2002*, Reihe 2 - Kreisergebnisse, Wiesbaden, 2004

[FleWe 1997]   Flegg, A. T. und C. D. Webber: *On the Appropriate Use of Location Quotients in Generating Regional Input-Output Tables: Reply*, in: Regional Studies, Vol. 31, No. 8, 1997, S. 795-805

[Friedmann 1978]   Friedmann, R.: *Zur Aktualisierung von Input-Koeffizienten*, in: Zeitschrift für die gesamte Staatswissenschaft (134), 1978, S. 144-165

[Giarratani 1975]   Giarratani, F.: *A Note on the McMenamin-Haring Input-Output Projection Technique*, in: Journal of Regional Science, Vol. 15, No. 3, 1975, S. 371-373

[GoJuMi 1996]   Golan, A., G. Judge und D. Miller: *Maximun Entropy Estimation: Robust Estimation with Limited Data*, Chichster, John Wiley & Sons, 1996

[GoJuRo 1994]   Golan, A., G. Judge und S. Robinson: *Recovering Information from Incomplete or Partial Multisectoral Economic Data*, in: The Review of Economics and Statistics, Vol. 76, No. 3, 1994, S. 541-549

[Graef 2003]   Graef, F.: *ADETON - Ein Verfahren zur Hochrechnung von Tabellen unter unscharfen Restriktionen*, http://fauam2.am.uni-erlangen.de/~graef/entrop/index.html, 22. August 2004

[Helmstädter 1983] Helmstädter, E., B. Meyer et al.: *Die Input-Output-Analyse als Instrument der Strukturforschung - Leistungsfähigkeit und Grenzen der empirischen Anwendung der für die Bundesrepublik Deutschland vorliegenden Input-Output-Tabellen*, Tübingen, J. C. B. Mohr (Paul Siebeck), 1983

[HeGaCa 2002]   Herrero, R. Á., A. S. García und C. R. Carvajal: *Spatial Projections of Input-Output Tables for Small Areas*, 42nd Congress of the European Science Association, Dortmund - Germany, 2002

[Hillebrand 1982]   Hillebrand, B.: *Stand und weitere Entwicklung der Input-Output-Arbeiten des Rheinisch-Westfälischen Instituts für Wirtschaftsforschung*, in: R. Krengel (Hrsg.): *Die Weiterentwicklung der Input-Output-Rechnung in der Bundesrepublik Deutschland*, Göttingen, Vandenhoeck & Ruprecht, 1982, S. 75-88

[HolSchn 1994a]   Holub, H.-W. und H. Schnabl: *Input-Output-Rechnung: Input-Output-Analyse*, München – Wien, R. Oldenbourg Verlag, 1994

[HolSchn 1994b]   Holub, H.-W. und H. Schnabl: *Input-Output-Rechnung: Input-Output-Tabellen*, München – Wien, R. Oldenbourg Verlag, 1994

[HolTapp 1987]   Holub, H.-W. und G. Tappeiner: *Die Beurteilung von RAS und MODOP mittels qualitativer Verfahren*, in: Allgemeines Statistisches Archiv (71), 1987, S. 234-244

[Hübler 1979]   Hübler, O.: *Regionale Sektorstrukturen – Verfahren zur Schätzung und Auswertung regionaler Input-Output-Beziehungen*, Berlin, Duncker & Humblodt, 1979

[IHKSOZ 2003]   ohne Verfasser: *Standortzufriedenheit in Ostwestfalen*, Industrie- und Handelskammer Ostwestfalen zu Bielefeld, 2003

[Isard 1998]   Isard, W., I. J. Azis et al.: *Methods of Interregional and Regional Analysis*, Aldershot - Brookfield USA - Singapore - Sydney, Ashgate, 1998

[IsardLangf 1971]   Isard, W. und T. W. Langford: *Regional Input-Output Study: Recollections, Reflections, and Diverse Notes on the Philadelphia Experience*, Cambridge - London, The MIT Press, 1971

[Kraßning 2001]   Kraßning, P.: *Ergebnisse der Material- und Wareneingangserhebung im Verarbeitenden Gewerbe sowie im Bergbau und in der Gewinnung von Steinen und Erden 1998*, in: Wirtschaft und Statistik, Heft 2, 2001, S. 87-96

[Krelle 1967]   Krelle, W.: *Volkswirtschaftliche Gesamtrechnung einschließlich input-output-Analyse mit Zahlen für die Bundesrepublik Deutschland*, Zweite, verbesserte Auflage, Berlin, Duncker & Humblot, 1967

[Lehbert 1967]   Lehbert, B.: *Die interindustrielle und interregionale Verflechtung der Wirtschaft des Landes Schleswig-Holstein - Versuch der Erstellung einer Input-Output-Tabelle für ein einzelnes Bundesland*, Tübingen, J. C. B. Mohr (Paul Siebeck), 1967

[LexikonVGR 2002]   Brümmerhoff, D. und H. Lützel (Hrsg.): *Lexikon der Volkswirtschaftlichen Gesamtrechnung*, 3., völlig überarbeitete Auflage, München - Wien, R. Oldenbourg Verlag, 2002

[MillerBlair 1985]   Miller, R. E. und P. D. Blair: *Input-Output Analysis - Foundations and Extensions*, Englewood Cliffs, Prentice-Hall, 1985

[Müller 1993]   Müller, J.: *Die Erstellung von Input-Output-Tabellen für Hamburg aus der Sicht des Statistischen Landesamtes Hamburg*, in: *Regionale Input-Output-Analyse: Nutzen und Probleme*, Hamburg, HWWA-Institut für Wirtschaftsforschung, 1993, S. 53-68

[Münzenmaier 1982]   Münzenmaier, W.: *Besonderheiten der Input-Output-Rechnung für Bundesländer – dargelegt am Beispiel Baden-Würtembergs*, in: R. Krengel (Hrsg.): *Die Weiterentwicklung der Input-Output-Rechnung in der Bundesrepublik Deutschland*, Göttingen, Vandenhoeck & Ruprecht, 1982, S. 123-142

[Münzenmaier 1991]   Münzenmaier, W.: *Methodenbeschreibung zur Erstellung der Input-Output-Tabellen Baden-Würtemberg 1986*, in: Jahrbücher für Statistik und Landeskunde von Baden-Würtemberg, 1991, S. 157-165

[Oberhofer 2001]   Oberhofer, W. und H. Haupt: *Derivation and Application of Regionalized Input-Output Tables: A Case Study*, in: W. Pfähler (Hrsg.): *Regional Input-Output Analysis*, Baden-Baden, Nomos Verlagsgesellschaft, 2001, S. 63-73

[Plitzka 1983]   Plitzka, R.: *Nutzungsmöglichkeiten der Input-Output-Rechnung aus der Sicht der Regionalpolitik*, in: *Die Input-Output-Rechnung als Informationsinstrument für die Regionalpolitik*, Wien, Schriftenreihe des Österreichischen Instituts für Raumplanung, Reihe B, Heft 5, 1983, S. 7-16

[Richardson 1972]   Richardson, H. W.: *Input-Output and Regional Economics*, London, Weidenfeld and Nicolson, 1972

[Reichelt 1995]   Reichelt, T.: *Erstellung und Auswertung einer Input-Output-Tabelle für die Region Ingolstadt*, Dissertation an der Wirtschaftswissenschaftlichen Fakultät der Katholischen Universität Eichstätt, 1995

[Schintke 1973]   Schintke, J.: *Modell der doppelten Proportionalität zur Schätzung von nichtnegativen Matrizen, insbesondere Input-Output-Tabellen*, in: Angewandte Informatik, Heft 4, 1973, S. 153-156

[Schumann 1968]   Schumann, J.: *Input-Output-Analyse*, Berlin - Heidelberg - New York, Springer-Verlag, 1968

[Siegler 1983]   Siegler, H.-J.: *Möglichkeiten und Probleme input-output-theoretischer Analysen der Wirtschaftsstruktur und ihres Wandels*, Frankfurt/Main, Haag und Herchen, 1983

[SondVz 1990a]   Landesamt für Datenverarbeitung und Statistik Nordrhein-Westfalen: *Sonderreihe zur Volkszählung 1987 in Nordrhein-Westfalen – Arbeisstätten*, Gemeinde-, Kreis- und Landesergebnisse, Band Nr. 7.1, 1990

[SondVz 1990b]   Landesamt für Datenverarbeitung und Statistik Nordrhein-Westfalen: *Sonderreihe zur Volkszählung 1987 in Nordrhein-Westfalen – Unternehmen*, Gemeinde-, Kreis- und Landesergebnisse, Band Nr. 7.3, 1990

[Spehl 1971]   Spehl, H.: *Regionale und multiregionale Input-Output-Rechnung – dargestellt am Beispiel des Landes Hessen*, Münster (Westf.), Institut für Siedlungs- und Wohnungswesen der Westfälischen Wilhelms-Universität Münster, 1971

[StaBa 1996]   Statistisches Bundesamt: *Produzierendes Gewerbe*, Fachserie 4, Reihe 4.2.4, Material- und Wareneingang im Bergbau und im Verarbeitenden Gewerbe 1994, Wiesbaden, 1996

[StaBa 2002]   Statistisches Bundesamt: *Produzierendes Gewerbe*, Fachserie 4, Reihe 4.3, Kostenstruktur der Unternehmen des Verarbeitenden Gewerbes sowie des Bergbaus und der Gewinnung von Steinen und Erden 2002, Wiesbaden, 2002

[StaBa 2003]   Statistisches Bundesamt: *Volkswirtschaftliche Gesamtrechnungen*, Fachserie 18, Reihe 2, Input-Output-Tabelle 1997, Wiesbaden, 2003

[Stäglin 1968]   Stäglin, R.: *Aufstellung von Input-Output-Tabellen – konzeptionelle und empirisch-statistische Probleme*, Berlin, Duncker & Humblot, 1968

[Stäglin 1972]   Stäglin, R.: *MODOP - Ein Verfahren zur Erstellung empirischer Transaktionsmatrizen*, in: H. Münzner und W. Wenzel (Hrsg.): *Anwendungen statistischer und mathematischer Methoden auf sozialwissenschaftliche Probleme*, Würzburg, Physika-Verlag, 1972, S. 69-81

[Stäglin 1973]   Stäglin, R.: *Methodische und rechnerische Grundlagen der Input-Output-Analyse*, in: R. Krengel (Hrsg.): *Aufstellung und Analyse von Input-Output-Tabellen*, Göttingen, Vandenhoeck & Ruprecht, 1973, S. 27-54

[Stäglin 1980a]   Stäglin, R.: *Nutzungsmöglichkeiten der Input-Output-Rechnung unter besonderer Berücksichtigung der regionalen Aspekte*, in: Jahrbücher für Statistik und Landeskunde von Baden-Würtemberg, 1980, S. 47-59

[Stäglin 1980b]   Stäglin, R.: *Zur Input-Output-Rechnung in der Bundesrepublik Deutschland – Eine Bestandsaufnahme*, in: J. Frohn und R. Stäglin (Hrsg.): *Empirische Wirtschaftsforschung – Konzeptionen, Verfahren und Ergebnisse*, Berlin, Duncker & Humblot, 1980, S. 95-130

[Stäglin 1990]   Stäglin, R.: *Input-Output-Relationen für Nordrhein-Westfalen als Grundlage eines Strukturvergleichs mit der Bundesrepublik*, in: Vierteljahreshefte zur Wirtschaftsforschung, Heft 2/3, 1990, S. 201-237

[Stäglin 1994]   Stäglin, R.: *Erstellungs- und Nutzungsmöglichkeiten einer Input-Output-Tabelle für Hamburg – Machbarkeitsstudie*, Berlin, Deutsches Institut für Wirtschaftsforschung, 1994

[Stäglin 1996]   Stäglin, R.: *Internationale Input-Output-Verflechtungen*, in: U.-P. Reich, C. Stahmer und K. Voy (Hrsg.): *Kategorien der Volkswirtschaftlichen Gesamtrechnungen - Raum und Grenzen (Band 1)*, Marburg, Metropolis-Verlag, 1996, S. 185-203

[Stäglin 2001]   Stäglin, R.: *A Step by Step Procedure to Regionalized Input-Output Analysis*, in: W. Pfähler (Hrsg.): *Regional Input-Output Analysis*, Baden-Baden, Nomos Verlagsgesellschaft, 2001, S. 47-62

[Stäglin 2003]   Stäglin, R.: *Ausblick*, in: Neuere Anwendungsfelder der Input-Output-Analyse in Deutschland (Tagungsband), Beiträge zum Halleschen Input-Output-Workshop 2002, Halle (Saale), 2003

[Stahmer 2000]   Stahmer, C.: *Das magische Dreieck der Input-Output-Rechnung*, in: S. Hartard, C. Stahmer und F. Hinterberger (Hrsg.): *Magische Dreiecke – Berichte für eine nachhaltige Gesellschaft (Band 1)*, Marburg, Metropolis-Verlag, 2000, S. 43-91

[Strassert 1968] Strassert, G.: *Möglichkeiten und Grenzen der Erstellung und Auswertung regionaler Input-Output-Tabellen – unter besonderer Berücksichtigung der derivativen Methode*, Berlin, Duncker & Humblot, 1968

[Theil 1967]   Theil, H.: *Economics and Information Theory*, Amsterdam, North-Holland Publishing Company, 1967

[Werner 1965]   Werner, K.: *Industriestatistik*, Zweite, neubearbeitete Auflage, Berlin, Duncker & Humblot, 1965

[Wessels 1981]   Wessels, H.: *Triangulation und Blocktriangulation von Input-Output-Tabellen und ihre Bedeutung*, Berlin, Duncker & Humblot, 1981

[Zwer 1986]   Zwer, R.: *Internationale Wirtschafts- und Sozialstatis-tik*, 2., aktualisierte und erweiterte Auflage, München – Wien, R. Oldenbourg Verlag, 1986

Abbildungsverzeichnis

Tabellenverzeichnis

Abkürzungsverzeichnis

Anm. d. Verf.	Anmerkung des Verfassers
bzgl.	bezüglich
bzw.	beziehungsweise
CIQ	Cross-Industry Standortquotient
d. h.	das heißt
ESVG	Europäisches System Volkswirtschaftlicher Gesamtrechnungen
et al.	et alia
FLQ	Flegg'scher Standortquotient
ggf.	gegebenenfalls
Hrsg.	Herausgeber
i. d. R.	in der Regel
IHK	Industrie- und Handelskammer
IO	Input-Output
KSE	Kostenstrukturerhebung
LQ	Standortquotient
MWE	Material- und Wareneingangserhebung
NUTS	Systematik der Gebietseinheiten für die Statistik
OWL	Ostwestfalen-Lippe
resp.	respektive
RIO	Regionale Input-Output
s. t.	subject to
StaBa	Statistisches Bundesamt Deutschland
u. a.	unter anderem
Ust.	Umsatzsteuer
usw.	und so weiter
vgl.	vergleiche
VGR	Volkswirtschaftliche Gesamtrechnung
WZ 93	Klassifikation der Wirtschaftszweige, Ausgabe 1993
z. B.	zum Beispiel

Milton Keynes UK
Ingram Content Group UK Ltd.
UKHW040728010823
426141UK00004B/258